圈子·段子之晚清席正甫

缔造金融家族的教父

十二叔 ◎ 著

西南财经大学出版社
Southwestern University of Finance & Economics Press

图书在版编目(CIP)数据

圈子·段子之晚清席正甫:缔造金融家族的教父/十二叔著.
—成都:西南财经大学出版社,2014.8
ISBN 978-7-5504-1487-7

Ⅰ.①圈… Ⅱ.①十… Ⅲ.①席正甫(1838~1904)—生平事迹
Ⅳ.①K825.34

中国版本图书馆 CIP 数据核字(2014)第 150241 号

圈子·段子之晚清席正甫:缔造金融家族的教父
Quanzi·Duanzi zhi Wanqing xizhengfu:Dizao Jinrong Jiazu de Jiaofu

十二叔 著

图书策划:亨通堂文化
责任编辑:刘佳庆
特约编辑:王云强
封面设计:李尘工作室
责任印制:封俊川

出版发行	西南财经大学出版社(四川省成都市光华村街 55 号)
网　　址	http://www.bookcj.com
电子邮件	bookcj@foxmail.com
邮政编码	610074
电　　话	028-87353785　87352368
印　　刷	北京合众协力印刷有限公司
成品尺寸	145mm×210mm
印　　张	8.5
字　　数	150 千字
版　　次	2014 年 8 月第 1 版
印　　次	2014 年 8 月第 1 次印刷
书　　号	ISBN 978-7-5504-1487-7
定　　价	30.00 元

目录 ——

前言　金融奇才席正甫

在中国近代史中的很长一段时间里，"买办"都是一个遭人鄙视的词语，买办资产阶级更被定性为旧中国的"三座大山"之一。然而，一百年前的人们对待买办的心态更多的是羡慕、嫉妒、恨。洋行和外资银行的买办因为地位高、收入高，成为士、农、工、商之外"别立一业"的特殊阶层。

客观一点地说，买办不过是顺应历史、应运而生的一个职业罢了，无所谓落后还是先进。

在那个动荡、变迁的特殊时期，买办们也无法掌握自己的命运。他们不过是一群熟悉东西方之间的差异而又洞悉商海内情的时代弄潮儿，是那个年代连接中外贸易的桥梁。

席氏家族就是近代中国买办中极具代表性的买办世家。席家最辉煌的时候，整个上海滩洋行林立，有超过一半的外资银行高薪聘用的买办都来自这个金融大家族。剩下的一半，也大多是席家的亲朋故旧。毫不夸张地说，一百年前的洞庭东山席氏家族几乎掌握了上海滩一半的资金流向。是谁把席家推上了这样的巅峰？又是谁让这个本应该赫赫有名的金融世家长久地沉寂？这个人就是席氏家族的核心，他叫席正甫。

说起晚清的著名买办，唐廷枢、徐润、郑观应等名字，大家都耳熟能详，可是与上面几位先生并称为"四大买办"的席正甫，却很少有人知道。席正甫生性谨慎，不喜欢抛头露面，却享受在幕后的运筹帷幄。

百年前，上海所有的外资银行中，以英资汇丰银行实力最强。席正甫就是汇丰银行最为成功的买办，他连同自己的儿孙，影响了汇丰银行长达半个世纪的在华业务。他代表汇丰银行与清政府达成了一系列的借款合同，他是李鸿章和左宗棠争相拉拢的座上宾，他是盛宣怀和胡雪岩极力结交的财神爷，他与当时的上海道台①称兄道弟。当席正甫这个买办与汇丰银行的总经理发生矛盾时，银行总部会毫不犹豫地炒掉总经理，以讨好席正甫。他是洞庭席氏家族的灵魂人物，他令始祖席温千年之后荣耀不减。

席正甫不是白手起家，他是洞庭席氏家族的二少爷，但他也是靠自己的努力，打拼出了金融帝国。因为这个传承千年的大家族除了给他善于经商的血统之外，并没有留给他任何创业的资本。席正甫从钱庄学徒做起，一步步融入金融世

---

① 上海道台，清代上海的最高行政长官，也称为公巡苏松太兵备道。

界；从汇丰银行跑街做起，一步步迈向买办王国。成为汇丰银行不可或缺的臂膀后，他又重新回归钱庄界，成为银行、钱庄、银楼①、金号通吃的金融奇才。

这是一段容易被遗忘的光辉岁月，这是一个容易被忽略的金融世家。希望本书能唤醒世人的记忆，让更多人的目光聚焦于江南席家。

---

① 银楼，旧时指生产金银首饰器皿并从事交易的商店。

第一章

晚清大地上的金融掮客

晚清大地上，出现了一群以买办为职业的金融掮客。他们通晓洋文、精于商务，在东西方的贸易中左右逢源；他们不喜欢单打独斗，往往以地域、乡邻、姻亲为纽带，"组团"上场。"香山帮""宁波帮""徽州帮"都是当时首屈一指的商帮，但论起在金融圈的影响力，还得看"钻天洞庭"中走出来的席氏家族。

第一节 "钻天洞庭"中的东山大族

在江苏省苏州市有一座东山,又叫"洞庭东山"。这里因盛产绿茶"碧螺春"而名扬天下。此"洞庭"与闻名遐迩的洞庭湖并非一地。洞庭东山是一座江南古镇,位于苏州郊外的太湖流域。从地图上看,东山就像一艘巨舟泊于太湖,形成了一座美丽的丰岛,这里三面环水,湖光连天,是太湖风景区中一抹亮丽的所在。东山不大,却孕育出一个与晋商、徽商并驾齐驱的洞庭东山商帮,不得不说是一个奇迹。更加令人惊奇的是,当晋商、徽商已然沉寂的时候,洞庭东山商帮的家族传奇还在延续。洞庭东山商帮的核心,当属席氏家族,因为这是一个传承千年的世家大族。

从明代开始,洞庭东山的商人们便有了个非常威风的称呼,叫"钻天洞庭"。"钻天"是与"遍地徽商"相对而言的，言外之意是虽然徽商遍布天下，但是小小的东山乡却出现了一个闻名遐迩的商人团体。就连明代的小说家冯梦龙都没有忘记在他的《醒世恒言》中为洞庭人美言两句："太湖中七十二峰，唯有洞庭两山最大，东洞庭曰东山，西洞庭曰西山……两山之人，善于货殖，八方四路，去为商为贾，所以江湖上有个口号，叫做'钻天洞庭'。"①

　　冯梦龙提到的"善于货殖"的东山商人原型就是万历年间出现的商业奇才——席家的左源公和右源公，即席端樊、席端攀兄弟。他们哥俩年少时就开始学习经商，二人协力同心，将江南布帛售至四方，不到20年便积资巨万。从这以后，人们说起东山富商，便称"左右源席氏"。左源公、右源公的后代也经营店铺，他们还适时调整经营策略，或薄利多销，加速资金周转；或选择高质量货物，追求高额利润。这使得席氏家业兴隆。

　　左源公和右源公的父亲席洙曾经撰写过一本叫《居家杂仪》的书，对席氏子弟的影响可谓深远。他在书中详细阐述过东山席家以读书和经营并重的观念，比如"不去科举，即去商场；不能读书，就去经营"。应该就是这种"求富"与"求贵"理念的不断传承，才使得席家在战乱频仍、朝代更

① 徐矛，姜天鹰. 中国十买办——席正甫 [M].上海：上海人民出版社，1996：第84页.

4

迭的封建社会末期，得以超脱出政治之外，左右逢源，始终保持名门望族的地位不变。

追溯起洞庭东山席氏的历史，还真是说来话长。上面提到的明代的席洙父子并不算是席氏的始祖，按照席氏族谱的记载，唐朝的武卫上将军席温才是他们的始祖。这可不是凭空杜撰的，有诗为证："千秋华表将军墓，翠柏苍松夕照馀。自是东山称大族，追源一脉溯唐初。"① 可见，只是因为黄巢起义，席温将军才在不得已之下，带着家人从关中出来，到洞庭东山避难，然后开枝散叶，成为东山席氏的"开山鼻祖"。

席氏子弟传承到明末清初的时候，与祖先席温曾经担任过的武卫上将军的赫赫勋衔已经相去甚远了，但是席氏子孙却闯出了另一条道路——靠灵活的经营手段，使得席氏成为洞庭商帮的主力军。

大多数人都知道，清初康熙帝六次南巡，有四次住在江宁曹氏家，但鲜有人知道这位"千古一帝"在南巡过程中唯一光临过的苏州民宅就是东山席氏的府第。康熙帝死后一百多年，席氏再次高度繁荣，以席正甫为首的席氏子弟把东山席氏推向了一个新的高峰。这一次，席氏的荣耀绵延了近百年，靠的不是武卫上将军席温的余荫，不是东山商帮的钻

---

① 张珺. 关中席氏南迁与"武山之战"[N]. 苏州日报，2012-08-03.

营，而是在中国金融界无与伦比的影响力，将席氏家族打造成了洞庭乃至江南第一金融世家。

在这里，我们就借席正甫的苏州老乡石韫玉的一句话来评说席氏昔日的辉煌吧。石韫玉不是无名之辈，他是乾隆五十五年（1790年）科举考试的一甲第一名，也就是老百姓喜闻乐见的状元郎。这位石状元是个很有个性的人，古代读书人的气节和固执在他身上体现得淋漓尽致。他曾在自己的《独庐穴四稿》中对东山席氏做过一番评价："群萃州处，蔚为望族，吴中世泽之久长，无有出其右者。"[①]我们有理由相信，一位清高的状元郎是不屑于刻意夸赞一个商业世家的，所以这番评价应该是中立、中肯的。

状元公预料不到，在他死后的第二年（1838年），席家会有一位金融界的天才横空出世。这位排行第二的席氏精英带领众多的席氏子弟乃至席氏的豪门姻亲们一起来到距离苏州不远的上海滩十里洋场中大显身手，在清末的金融舞台上唱了长达半个世纪的主角。

现如今，问起上海的席姓人的祖籍，大多也是来自苏州府的洞庭东山。席姓人在上海大部分都是经商的，从他们的明朝祖先因为经商而富甲一方中就可以看出彼此之间的传承

---

① 马学强.江南席家：中国第一经商大族的变迁[M].北京：商务印书馆，2007：第84页.

关系。不过可能还是受到农耕社会传统思想的影响，席家人在积累了巨额资金之后，并不喜欢扩大再生产，而是将资金运回东山老家，在那里广置地产，强化宗族，使得席氏家族在东山的地位愈加稳固。

正是如此，当太平军与清政府在东山地区展开拉锯战的时候，席氏携带资产到上海租界避难的人比比皆是。有人说，太平天国运动在东山乡遭遇了清廷的抵抗，这一偶发性的事件却促使东山席氏成为了上海乃至中国近代颇有影响力的金融世家——席正甫家族。

善于经商、敢于冒险的家族传统使得进入租界的席氏子弟很快就适应了新的环境，在华商和外商之间左右逢源，如鱼得水。

第二节　22岁就敢开钱庄的席家二少

　　席正甫大名席素贵，号正甫，兄弟四个当中，他排行老二。上有一个大哥名席素煊，字嘏卿，号缙云。下有大弟名席素荣，号缙华；二弟名席素恒，号缙言。席正甫生于商业世家，本该是含着"金汤匙"出生的"富二代"才对。可是，他的父亲席元乐去世得比较早，偌大的家业缺少当家人的料理，家境逐渐就衰败下来。席正甫4岁丧母，13岁丧父，之后一直跟随继母沈氏和两个弟弟一起生活。虽然席正甫只念过几年私塾，并没有接受过正统的学校教育或者经营管理方面的培训，但他在经商方面的天赋很快就显露了出来。等他长到19岁的时候，太平天国的战事绵延到了洞庭一带。席正甫告别继母，只扛着一卷铺盖就来到上海闯荡，希望能和大哥席素煊一样，自己养活自己。

席家二少勇闯上海滩

1857年，让我们记住这一年吧，正处于变革与转型中上海迎来了19岁的东山小伙子席正甫。此时，不管是上海还是席正甫，都没有预料到一座城市与一个人会产生如此密切的联系。若干年以后，席正甫在以上海为背景的金融舞台上亮相；而上海因为有了以席正甫为首的众多买办，国际化发展的步子迈得更大，逐渐取代了北京、天津、广州等传统的商业城市，成为全中国最为繁荣的黄金之地。几十年之后，席正甫在上海过世，丧礼的排场之大，成为上海滩市民们多年的话题。

想想也是，席家向上数代，有左源公和右源公精明的商业血脉相传，整个清朝中后期，席氏家族依然有人世代经商；横向来看，席家周边有东山其他商业家族做榜样，席正甫对经商一道可谓是耳濡目染。可以说，如今来到上海的席正甫并不欠缺经商的能力，他在等待一个可以发挥自己商业智慧的机会。

中国的大城市有不少，没有被太平军战火波及的地方也有不少，可是席正甫兄弟偏偏选择到上海发展，可以看出这几位商业世家子弟确实有着不凡的眼光和见识。他们兄弟几个认为上海经过开埠之后，已经成为洋人的汇集之地，经济发展迅猛，赚钱的机会一定比别的城市要多。另外，上海与苏州老家相距不远，等将来自己拼出了一席之地，还可以把一家老小从东山乡下接到上海来。

席正甫先到舅舅沈二园的钱庄做了一名学徒。沈二园不是席正甫的亲舅舅，而是他继母沈氏的哥哥。但是席、沈两家同为东山大族，世代姻亲，关系一直处得不错。沈二园看着席正甫长大，一直很喜欢这个机灵的二外甥。老一辈的东山人对沈二园显然更为熟悉，因为他可以称得上第一个在上海滩站稳脚跟的东山人。鸦片战争刚刚结束，沈二园就来到上海经商。那时，席正甫还只是几岁的顽童呢。等到席正甫来到上海投靠舅舅的时候，沈二园已经成为上海商界颇有声誉的钱庄老板。

19世纪中叶，在上海开钱庄是一种风气，一种时髦。钱庄老板既是身份的象征，也是思想解放的标志。太平天国运动之前，上海也有钱庄，但是那时的钱庄的主要业务是兑换各地不同的货币，偶尔经营一些小额的存贷款业务，并非近代银行的前身。

由于太平天国运动的刺激，上海逐渐取代了广州，成为中国最大的商品集散地。尤其是进出口贸易的剧增给上海带来了空前的繁荣。这种变化，对钱庄来说，正是可遇而不可求的发展机会。

全国各地的富户们云集于此，在带来大量资金的同时，也开起了更多的商号。只要做生意，就可能会遇到资金周转不灵的情况，这个时候，就是钱庄的机会了。他们趁机把期限稍长的存款放给那些急需资金的商号，从中获取存贷款之间的差价。中国商号逐渐增多并不能算是上海这个租界的特色，更多的外资洋行进入上海才是上海迅速繁荣的主要原因。

上海经济迅猛发展导致了货币供应的不足，市场上银根①紧缩，通货不足的缺陷日益显著。中国缺少白银，但外商不缺。这时候，西班牙银元、墨西哥鹰洋等外国货币一股脑地涌进上海的货币市场，但流通起来极为麻烦。谁来负责兑换这些不同的货币，成了亟待解决的问题。钱庄当仁不让，承担了这一光荣使命，所有的中外商号凡是想要做买卖、兑换货币的，都要经过钱庄。这个时期的上海钱庄，在赚取丰厚的利润之外，其经济地位和卓著的信誉也给中外商号留下了深刻的印象。

可以想象一下，当时的清政府刚刚在洋人手里吃过多次败仗，被迫签订了不少割地赔款的不平等条约，中外交易双

---

① 银根，是指金融市场上的资金供应，是市场上货币周转流通的情况。

方的地位肯定是不平等的。普通的中国商人并不信任洋行推销的所谓"物美价廉"的洋货，而洋商又不敢先交货后收款，双方都需要一个信得过的中介作为中外贸易的纽带。这时，钱庄就顺势成为双方都认可的中介，参与到了进出口贸易之中。

这个中介在一开始并没有多少技术含量，难得的是敢为人先的那份勇气。钱庄充当中介很简单，就是钱庄先开具庄票给华商，让其用庄票交付给洋商当作货款，提走货物；而洋商只需要在庄票到期之后向钱庄收取货款就行了。一般庄票的期限是5~20天，在这个时间段里，华商往往将货物出手，把钱款送了过来。钱庄经营风险并不大，却向华商和洋商都收取了相当高的手续费，简直就是一本万利。但是因为钱庄的信用可靠，交易双方对钱庄收取高额手续费的事情都睁一只眼闭一只眼，只要自己的生意能做成就行。

洋行需要依靠钱庄的帮助来打开局面，这一点可以看作外国洋行对本土钱庄具有一定的依赖性。可是随着洋行逐渐扎根于中国市场，其雄厚的资金储备优势日益显现，让钱庄不自觉地追随洋行的脚步。在外资洋行占据优势的情况下，即使有的钱庄不想被牵着鼻子走，也很难做到独善其身。因为钱庄开具的庄票需要得到外商的认可，需要外商使用才能产生价值。钱庄与洋行两个看似风马牛不相及的机构在中国特殊的历史背景下，既想保持自己的独立性，却又不得不绑在一起，并肩前行。

席正甫来到钱庄做学徒的时候，赶上的就是这么一个机会——钱庄业鼎盛发展，洋行急剧增多，中外贸易额逐年增加。凭着席正甫天生的商业嗅觉，他能学到的生意经比别人要扎实得多。席正甫做了三年学徒之后，对钱庄的所有业务已经烂熟于心，他决定结束学习的日子，自己也开一家钱庄，重振父亲生前的雄风，让席家再次辉煌起来。

如果是普通的小伙计，刚刚做了几年学徒就想自己开钱庄，那是痴人说梦。但是席正甫不一样，他是东山席家的二少爷，虽然家道中落了，但是瘦死的骆驼比马大，席家还有不少的地产可以变卖成现金，充当钱庄的流动资金。也亏得席正甫一向有主意，在家里很有发言权，当他把这个想法跟兄弟们一说，大家都不反对。于是22岁的席正甫动用了席家的部分家产在上海开办了一家属于自己、属于席家的钱庄。

有句话说"山不在高，有仙则名"，开钱庄也是这样，"店不在大，有人则灵"。别看席正甫的钱庄规模不大、知名度不高，也没有什么值得夸耀的历史，但有了席正甫这个精明的老板坐镇，一切劣势都不再是劣势了。他知道存款的多少对一个钱庄的运转来说非常重要，不能仅仅指望用自己的本金来实现"钱生钱"的梦想。

席正甫长袖善舞、八面玲珑的交际才能首次得到了全面的体现。他的人缘甚好，在上海滩做生意的苏州籍商人大都认识这位小同乡。有了乡亲这层关系在前，大家存款时当然会优先考虑把钱存入席正甫的钱庄。

除了认乡亲之外，席正甫敏锐地发现来上海的商户中，广东人至少占了半数以上。为了拉近与广东商人的距离，席正甫开始学说粤语。很快，广州商圈的人们也都认识了这位与自己有共同语言的年轻老板，纷纷把钱存进了他的钱庄。粤语速成之后，席正甫对自己的语言天赋也颇为自信，开始悄悄地学起了英语。因为经营钱庄有着与洋行打交道的便利条件，席正甫的英语听说能力都进步神速。

现代成功学的大师们常挂在嘴边的一句话是"机遇只垂青于那些有准备的人"。席正甫当年以钱庄老板的身份苦学粤语、英语，不正是这句话的真实写照吗？他自己也不知道，这番准备将为自己日后踏入汇丰银行、成为上海滩第一买办打下坚实的基础！

第三节　买办是个好职业

"买办"这份职业如同曾经的"皇帝""太监"一样成为历史名词了，除了影视剧之外，在现实生活中早就消失得无影无踪。一提到席正甫，"买办"两个字就是他最显著的标签。令他纵横上海滩、称雄金融界的身份就是这很有年代感的"买办"二字。

长期以来，"买办"都是一个遭人鄙视的贬义词，买办资产阶级更被定性为旧中国的"三座大山"之一，可见人们对买办是没有好感可言的。然而，用现代人的眼光来看，买办不过是顺应历史、应运而生的一个职业罢了，无所谓落后还是先进。在那个动荡、变迁的特殊时期，买办们也无法掌握自己的命运。更何况，当时社会对买办的态度与后来历史学家贴上的标签是截然不同的。

一百年前的人们对待买办的心态更多的是羡慕与嫉妒。买办因为其稀缺程度和高额的收入，在晚晴时期的社会地位比今天的"海归"、外企高管高了不知凡几。所以才有了"天津四大买办"①"晚清四大买办"等这样风光的称号。

　　要了解买办，先要说说洋行。"洋行"是外商在中国从事贸易的代理行号的名称。1840年以前，中国内地的老百姓并没有听说过洋行的存在，只在广州等沿海地区有一些英、美人开的代理行号，这些行号就是早期的洋行了。有了洋行，买办才有了生存的空间。

　　外国的商品想要卖到中国来，没有中国人打前战是很难做好的。毕竟中国都闭关锁国那么久了，没有这些"洋货"照样自给自足，想要打开中国市场，并非易事。外国商人一边摸着石头过河一边思索，他们终于意识到只有聘用中国商人为自己服务才能逐步渗透中国市场。这个时候，谁要是略通洋文，又懂点做生意的诀窍，想不成功都难了。这批人就是最早的买办，也是当时靠自己先富起来的实干型的社会精英。席正甫到达上海之后，显然是受到买办地位高、工资高的吸引，才萌生学好英语与外国人打交道的念头。

　　到了1870年左右，买办在上海已经毫不稀奇了，只要

---

① "天津四大买办"，是指泰来洋行的王铭槐、太古洋行的郑翼之、汇丰银行的吴调卿、怡和洋行的梁炎卿。

有洋人的公司，就会有买办的身影。席正甫的舅舅沈二园就在1872年的时候，当上了新沙逊洋行的第一任买办。不过那个时候，沈二园已经到了快退休的年龄，做买办只是顺水人情，一方面为新沙逊洋行在中国的贸易铺路，另一方面也是为了替义子沈吉成将来进入洋行做铺垫，因为买办是可以子承父业的。席正甫也和舅舅一样遵循买办圈的传统，把自己汇丰银行买办的位子传给儿子席立功，后来儿子又传给了孙子席鹿笙，席家祖孙三代代理汇丰银行在华业务长达55年之久。

席正甫能在上海金融界占有一席之地，带领自己的家族走出东山、扎根上海，与他做了汇丰银行的买办大有关系。仔细推究起来，席正甫与汇丰银行应该是一荣俱荣、一损俱损的关系。如果席正甫服务的银行不是大名鼎鼎的汇丰银行，也许后来发生的很多惊天动地的大事与席家就没什么关系了；反之，如果汇丰银行没有遇上席正甫这个长袖善舞的买办，它们在中国的业务开展未必能这么顺利。一个买办能凭借个人能力，与一家庞大的金融机构互为利用，让其很长一段时间离不开自己，绝对不是一件容易的事。

说到汇丰银行，大家都不陌生，尤其是在香港，汇丰银行的地位一直举足轻重。直到现在，汇丰银行还掌握着港币的发行权，是香港三大钞票发行银行之一。在展开席正甫精彩的买办人生之前，我们有必要梳理一下汇丰银行150年前的在华状况。

汇丰银行虽然是英资银行，但它的主要业务区域一直在中国。1865年3月，汇丰银行总部在香港成立，成为第一家将总部设在香港的外资银行。同年，汇丰银行又分别在上海、伦敦和旧金山设立了分行。与席正甫息息相关的就是汇丰银行上海分行。之后，由于上海分行的业务开展一度超过了香港的总行，汇丰银行更名为"香港上海汇丰银行"，这个名字一直沿用到今天。

1865年之前的香港就没有银行吗？那倒不是，像丽如银行、有利银行、麦加利银行、法兰西银行等外资银行都比汇丰入驻香港早，但这几家银行的总部都设在本国的重要城市，设在香港的不过是分行而已。可是香港独特的地理位置使得它在中外贸易中越来越重要，拥有一家本土银行也越来越有必要。

席正甫的东家——汇丰银行诞生记

有一个词语叫"应运而生"，汇丰银行的出现大致就是如此。它与上述其他外资银行最大的不同，就是它是在中国政治与世界经济形势发生巨大变化下诞生的，有着特殊的时代背景和历史使命。

　　一个不容忽视的史实是清朝末期的中国经历了一段多灾多难的岁月。1840年的第一次鸦片战争，打破了中国几千年以来"闭关锁国"的状态。仅仅16年之后，也就是1856年，列强们看到了中国的通商口岸带来的好处，又发动了第二次鸦片战争，继续欺压软弱的清政府，逼迫清廷答应增开多个沿海、沿江的城市作为新的通商口岸，为洋行进入提供更加广阔的交易空间。

　　香港处在一个非常重要的位置，它是西方国家，尤其是英国对华贸易的基地。英商们在华贸易额的急剧增加让他们意识到需要创办一家本地银行，以便为他们提供及时而充足的信贷，因为当时几家总行在伦敦、印度等地的外商银行已无法满足他们的需要。

　　1864年7月，一位在印度孟买做生意的英国商人一次偶然的商业行为催生了汇丰银行的诞生。这位商人的计划很好，他打算创立一家以香港为基地的"中国皇家银行"，并且发行3万股股票。让香港诸多洋行不满意的是，他只打算向香港配售5000股，这个数额才是总股数的1/6。

　　与此同时，香港总督夏乔士·乔治·罗伯特·罗便臣也有自己的小算盘，他正打算把发展金融业作为其施政重心。在港督看来，如果有一家总行设在香港的银行，不仅可以继续扩展英国的对华贸易，还可以为香港建设码头、公用事业等，为香港殖民政府出更多力。当然了，有了银行，对自己的政绩也会有不小的正面影响。

当时不只是港督有这个考虑，所有对华贸易频繁的洋行也都迫切希望能有一家总行设在本土的银行，以便及时提供信贷业务。

巧合的是，当时汇丰银行的主要发起人托马斯·苏石兰刚好迷上了与银行相关的知识，他想若有机会的话，自己会实践一番，看看在中国开设一家银行是否真的那么美妙。一次，当他乘船由英国返回香港的时候，热心的船长告诉他有一位孟买商人与他的想法一样，对方也有开银行的打算。只不过在孟买商人的计划中，"中国皇家银行"的股本有2/3以上在孟买认购，只有很少的一部分会让在香港的英国商人参与其中。托马斯·苏石兰十分认同这位素未谋面的"知己"开银行的计划，但他很不满意对方只给香港极少数的股本。既然那个潜在的对手还在孟买，那么香港的地盘还是自己捷足先登吧。

于是，托马斯·苏石兰在最短的时间内起草了一份计划书，还聘请了香港当时最优秀的律师，请律师带着自己的计划书走遍了当时香港几乎所有的洋行，找那些大老板们签字，成立一个资本500万港元的临时委员会。

当时，除了老牌怡和洋行和旗昌洋行之外，香港所有有名望的商人都在计划书上签下了自己的名字，表示支持托马斯·苏石兰筹建银行的计划。有了众人的签名在手，托马斯·苏石兰和港督夏乔士·乔治·罗伯特·罗便臣好整以暇，信心满满地准备迎接即将到来的孟买商人。

果然，没过几天，"中国皇家银行"的特使——一位名叫诺尔·波特的人来了。他肩负着极为神圣的使命，希望能在香港完成上级交给自己的任务。可他没有想到的是，绝大多数的洋行都已经接到了托马斯·苏石兰伸出的橄榄枝，对自己所谓的"中国皇家银行"没有丝毫的兴趣了。诺尔·波特在香港碰了一鼻子灰，失望地回到了孟买。

1865年7月28日，香港的市民们在报纸上看到了一则消息：由铁行轮船公司的监事托玛斯·苏石兰和宝顺洋行牵头，宣布成立一间由香港拥有的银行，并且已经得到众多洋行的支持。报纸上所说的这家银行，就是后来的汇丰银行。

汇丰银行总部成立之后仅仅一个月的时间，就把第一家分行开到了上海。因为19世纪60年代的上海已经正式取代广州，成为中国最发达的城市，同时也是中外贸易往来最频繁的城市。尤其是1860年到1864年，上海的经济到了前所未有的高度，从事钱庄、银行、洋行和地产行业的人都得到了丰厚的回馈，挣的钱多得令旁人眼热。

席正甫的"天赐良机"

随着汇丰银行上海分行正式对外营业，席正甫及整个席氏家族的命运悄然发生了改变。这要从汇丰银行上海分行的第一任买办王槐山说起。王槐山与沈二园同在上海做买办，接触的机会较多，两人逐渐熟识起来。随着交往的加深，沈二园得知看起来风光无限的汇丰银行买办也有不得已的苦衷。原来，王槐山因为不懂洋文，导致工作诸多不便。他托付沈二园为他物色一位聪明、机灵且懂洋文的助手。这才给了席正甫一个走进汇丰银行的机会，更有了后来席氏家族驰骋上海金融界长达半个世纪的神话。

那是1866年，沈二园受到王槐山的嘱托时，第一时间就想到这是一份肥差，应该留给自家人才对。本着"肥水不流外人田"的原则，沈二园把这份肥差留给了自己最喜欢的外甥席正甫。那一年，席正甫28岁，正在经营自己的钱庄。

当舅舅沈二园介绍自己到汇丰银行担任副买办的美差时，席正甫的钱庄已经步入正轨，虽然规模不大，可后劲十足，席正甫并不想轻易放弃自己的第一份工作。正因为身在局中，他比旁人更加清楚地知道，上海的钱庄业对洋行、外国银行的依赖性越来越强，钱庄的前景不像很多人期待的那样美好。尤其是1866年上海发生了一次金融风暴之后，汇丰银行以后来者居上的姿态超过了其他几家外资银行，形成了"沪上洋行多靠汇丰"的局面。在小钱庄老板和大银行跑街之间，席正甫需要做一个选择。

经过一番审时度势之后，席正甫毅然放弃了钱庄老板的身份，决定进入一个相对陌生的行业，从头做起，这一点绝对需要超前的眼光和超出常人的魄力。毕竟，这一年的他已是逐渐成熟的28岁，而不是血气方刚的18岁。28岁是干事业的黄金年龄，席正甫此时已经过了容易冲动的阶段，但是要论"独当一面"，还存在一定的差距。对于席正甫来说，这时做个助理买办刚好可以过渡一下，为自己这一生最为重要的角色做好准备。

洋行聘用买办，原本是它们的一个无奈之举，但收效却十分明显。短短几年时间，西方国家的商品在中国市场上的竞争力已有很大提升，其贸易增长速度可谓飞快，这都离不开他们在中国培植的从通商口岸到穷乡僻壤的买办推销网。自此，在中国商业中心的上海，买办几乎无处不在。只要有外商的地方，就会有买办；只要洋货的地方，就会有买办，买办成了中外贸易的桥梁。

第四节　"疯狂的棉花"

19世纪60年代，整个上海的大商人、大买办也好，小职员、小学徒也罢，几乎都沉浸在让上海经济"更大、更强"的憧憬之中，浑然忘了两千多年前的思想家老子就提出过的一句放之四海皆真理的话——"祸兮福之所倚，福兮祸之所伏"。没错，上海高速发展的异常繁荣背后，必定伴随着巨大的经济风险。

在席正甫正式做买办之前，连同汇丰银行在内的所有的外资银行，已经经历过一番暴风骤雨般的金融风暴的洗礼。正是这一次洗礼，让汇丰银行脱颖而出，在日后的发展中更加稳健。也正因为如此，席正甫幸运地成为汇丰银行劫后重生时聘用的最重要的中国伙伴，一同开启了上海金融界的"汇丰时代""席正甫时代"。

以我们今天的眼光来看，世界各地金融风暴的发生往往伴随着当地经济阶段性的繁荣。果然，上海也没能幸免，在它开埠23年之后（上海于1843年正式开辟商埠），经历了第一次金融风暴的洗礼。我们注意到，中外贸易高速发展的几年里，一个叫做"投机"的字眼频频出现在各种报道、文献、论文当中。"棉花投机""股票投机""房地产投机"等，不一而足。既然是因为"投机"生意而带动的繁荣，怎么可能会稳健、长久？

棉花投机是19世纪60年代的世界性话题。棉花投机的源头来自美国。人们讲述西汉开国名将韩信一生大起大落的原因，喜欢归结为简简单单的八个字——"成也萧何，败也萧何"。这句话拿来用在19世纪60年代的棉花市场上，那就是"成也美国，败也美国"了。当时，美国因为南北战争已经进入白热化的阶段，产棉区的黑奴们大量逃跑，使得供应给英国的棉纱被迫中断。伦敦棉花市场的骚乱又迫使这些逐利的商人们转向东方，寻找新的棉花种植区。上海有幸被冒险家们看重，成为伦敦棉花市场新的上游供货地。

当时，棉花出口的价格一涨再涨，让很多外国投机者狂热地做了起棉花生意。在1863年、1864年的上海对英出口货物单上，"棉花"两个字占据了绝大部分的比例。

可是美国的内战总有结束的时候。内战结束意味着战争引起的棉花危机在美国解除了，伦敦又出现了堆积成山的来自美国的棉花。这可坑了遥远的中国上海的棉花商人。时人描述当时的情境，最形象的莫过于有的运棉船在驶出上海港口的时候还是天价，可是刚一入海，棉花的价格就已经跌停。从云端到深渊的棉花价格让上海的投机商人们为之疯狂，疯狂之后，更多人、更多行业要为之付出代价。

除了"疯狂的棉花"之外，上海的地产业也曾在同时经历了过山车般的起伏。上海房地产业的疯狂，究其根源，同样是因为战争，不过这次不是因为他国的战争，而是中国的太平天国运动。那个年月，洪秀全领导的太平军在江苏、浙江等富庶的鱼米之乡活动非常频繁，导致江、浙的大户人家纷纷携家带口来到上海的租界避难。富人们来了，家产自然也随之转移到了上海。富人来上海了，首要的大事就是买房置地，可以想象，这么多人几乎同时买房，会对上海房地产市场带来多大的刺激。

于是，地段好的房子被一抢而空，地段不好的房子、地皮也成了哄抢的目标。"在租界防御线的栅寨内，中国人的房屋以及中国人的街道，像魔术师变戏法一样出现在上海。"[①]

有高峰必然就有低谷。以曾国藩为首的湘军经过14年

---

① 戴鞍钢.租界与晚清上海农村[J].学术月刊，2002（5）.

坚持不懈的"剿匪",终于将太平军的"天王"们拉下马来。太平军销声匿迹了,江、浙之地恢复了昔日的宁静。旅居上海的江、浙仕绅当然是要回到家乡的,毕竟"人是故乡好,月是故乡明"。他们来上海本就是避难,如今返乡也算天经地义。可是江浙籍的富人们这一走,就苦了上海的房地产业了。

既然房子不住了,闲置在上海不如变现为真金白银带回老家去。一时间,到处都是房屋抛售的广告。现房都卖不到价钱了,地价、房租等自然也跟着一落千丈。下面一个小的官司片段可以告诉我们当时的地价究竟暴跌到了什么地步:1863年,上海的法院受理了一件并不轰动的民事案件:两个人曾合伙花9万两白银买了一块土地,后来散伙了要把这块土地卖掉,结果法院竞拍,偌大一块地皮仅仅卖出1.6万两白银。

介绍过当年最为典型的棉花投机和房地产投机之后,我们再来看看到底是什么样的金融风暴轰然降临上海了吧。那是发生于1866年的一次金融风暴,影响人群之大、涉及范围之广,都是前所未有的,所以这一年也被称为"上海地区历史上最危急的年代"。这次风暴对上海各外资银行的影响尤其不利,很多银行都没能挺住,在金融风暴中一蹶不振。

1866年5月11日,英国伦敦的一家贸易公司因为投资失误而宣告倒闭。这家名为奥弗伦·格尼（OverendGurney&Co）的贸易公司亏损了500多万英镑的巨额股票，但这份霉运会和远隔万里而且正在蓬勃发展的上海扯上关系吗？绝大多数人都没有意识到这就是引发上海金融风暴的前奏。由于英国是当时世界经济的中心，所以英国的金融风暴也波及了全球所有与之有联系的领域。

银行界的"适者生存法则"

奥弗伦·格尼贸易公司可不是名不见经传的皮包公司，它在英国的信誉度堪比英国的中央银行——英格兰银行。这样一家实力雄厚、信誉卓著的贸易公司的倒闭的直接原因是其投资的两家铁路公司破产了。总之，奥弗伦·格尼公司倒闭之后，马上引发了全英国银行系统的挤兑风潮。许多银行和其他金融机构的股票应声下跌了1/2、2/3甚至更多。偏偏英国又处于世界经济的中心，所以欧洲多家信贷公司和银行受其牵累。而这些受到波及的银行恰恰在上海设有分行，上海，注定要经受一场狂风暴雨般的金融洗礼了。可以说，这只来自英国的"蝴蝶"挥动一下翅膀，就能在大洋彼岸的城市——上海掀起一场巨大的金融风暴。

两个月之后，上海全面接收到了世界金融恐慌的信息，凡是投资了棉花、股票、房屋、地皮的商人都犹如末日来临。当时在上海共计11家外资银行，当金融风暴呼啸而过，只有5家残存下来。这11家外资银行中，除了一家法兰西银行是法国人开设的之外，剩下的10家都来自号称"日不落帝国"的英国。

其中，丽如银行在很长一段时间都是汇丰银行的竞争对手。丽如银行（又叫东方银行）有英国政府撑腰，是最早来到中国的外资银行。1845年，丽如银行就作为英国政府的"特许银行"在香港设立了分行；1847年，它又来到上海，开设了上海乃至全中国第一家银行。汇丰银行与丽如银行相比，是银行界的"小字辈"。当汇丰银行在1865年进入上海金融市场的时候，丽如银行已经是上海所有外资银行的"龙头大哥"了。直到1884年，丽如银行因在东南亚的锡兰（今斯里兰卡）投资失败，撤出了中国市场，汇丰银行才取代了它在中国金融市场的地位。

其他外资银行的先后设立都与丽如银行在上海攫取了丰厚的利润有关。正是由于丽如银行在中国经营得风生水起，才使得英国国内其他银行纷纷效尤。从19世纪50年代到60年代，阿加剌银行、有利银行、汇隆银行、麦加利银行（即渣打银行）、汇川银行、利华银行、利生银行和利升银行先后来到中国，在上海成立分支机构。

金融风暴首先洗刷的是最后来到中国的那四家英资银行，幸存下来剩下分别是丽如银行、有利银行、麦加利银行、汇丰银行和法兰西银行。丽如银行能挺过这场危机，源自它在中国二十年来打下的坚实基础。储备金雄厚、风险准备金比较充足是丽如银行有惊无险渡过难关的关键。有利银行和麦加利银行一样，也是英国皇家特许银行。它们没有丽如的实力那么强，但也坚持没有退出中国市场。不同的是，麦加利银行是"打肿脸充胖子"，经济损失惨重；有利银行却真的"有利可图"，其在金融风暴期间的营业报告依然漂亮，股东们还有红利可分。至于实力一直处在下风的法兰西银行，反倒因为其在上海的业务开展一直受到英资银行的压制而有诸多限制，这份曾经的不如意如今却成了它的保护衣，保持了自己的信誉不坠。

　　汇丰银行能将金融风暴的压力转化为立足中国市场的动力，又是另外一种情况了。汇丰银行的遭遇应了中国的一句俗话——"来得早不如来得巧"。

　　汇丰银行于1865年成立，1866年便遭遇金融风暴，对于汇丰银行来说是幸运还是不幸，没有一个绝对的判断标准。从汇丰银行后来的表现来看，这场金融风潮不是打击而是洗礼，不是危机而是涅槃。从席正甫一贯谨慎低调的作风来看，他在进入汇丰银行做买办之前，应该对金融风暴期间，汇丰银行应对危机的表现了然于胸。他在后来之所以能大展拳脚，撮合汇丰银行与清廷的数次借款，显然是站在对汇丰银行的立场十分了解的前提之下的。

1866年6月，为了应对眼前的金融危机，丽如银行号召麦加利银行、有利银行和法兰西银行等几家幸存的银行做出了一项新的举措。它们达成协议，把市场上通用的六个月到期的汇票缩短到四个月。缩短汇票付款期限的做法能降低银行的风险，但对商号来说并非好事。只有资金雄厚的大商号才接受得了这样的交易，更多的中小商号对此十分排斥。

当时刚刚在上海立足的汇丰银行借此机会，拒绝与丽如等银行"同流合污"。当丽如、有利银行拒绝购买六个月期限的汇票时，汇丰银行逆流而上，大量吃进并择机卖掉。买进卖出之间，汇丰银行的汇兑业务量迅速增长。资金的聚集是汇丰的一大胜利，除此之外，更大的收获就是得到了上海众多商号的信任与支持。由于汇丰能"独善其身"，敢于同其他几家银行"划清界限"，汇丰银行在存放款的业务上也得到了长足的发展。在公司成立的报告当中，汇丰银行的董事会就大力宣传此点，宣称"整个商业界以及许多中国商人都对本行有利益关系，并都给予全力支持""银行业务平稳增加"云云。

与银行倒闭相随的，是洋行的倾颓。俗话说，"牵一发而动全身"，既然风暴到了上海，那么除了银行受损之外，与之相关的洋行、钱庄甚至房地产业也都受到巨大的打击。但是中国自有的金融业当时远远谈不上与国际接轨，所以看似损失惨重的钱庄、银号等其实并未伤及根本。它们与汇丰银行一样，因为参与程度不深而避免了更大的损失。

　　席正甫开的钱庄就是一个很好的证明。席正甫的钱庄因为规模较小，经济危机对其影响并不明显。倒是汇丰银行有点因祸得福的意思，经受住了危机的考验，日后的发展反而更加顺利。如果自己的钱庄一蹶不振，席正甫反而有了离开钱庄投身汇丰的决心。但在席正甫的悉心经营之下，不大的钱庄倒也有声有色。这才使他进入两难的境况之中。中国旧有的金融机构固然没有倒下，但能不能像汇丰银行一样因祸得福，以此为契机蓬勃发展，那就是未知的了。是继续留守钱庄"一亩三分地"，做一个自给自足的小老板；还是到实力雄厚得多的汇丰银行打工，继而向着首席买办的位置发起冲锋？席正甫陷入了深深的思索之中。

　　洋行与买办是互相依存的关系。如果买办当得好，好得让洋行离不开你，那两者之间就形成了俱荣俱损的关系。席正甫就是那种让银行不舍得得罪和放弃的好买办。汇丰银行在中国的发展越好，就越需要席正甫这样的能人来好好地打理其在华的各项业务。汇丰银行也好，该行买办王槐山也好，都在等待一个能给银行带来质的飞跃的年轻人。

第五节　买办圈也有帮派之分

想要理清楚洋行、银行与钱庄三者之间的微妙关系，对于那个时代的人来说，不经过仔细琢磨还真不好弄明白。套用一句比较老套的定律，就是"一切事物都处在不断的发展变化当中"，洋行、银行与钱庄的关系也是如此。

早期外国资本还没有进入中国的时候，自然是钱庄独领风骚。随着代表外商贸易立场的洋行在中国站稳脚跟，钱庄逐渐从洋行的帮扶者变成了附庸品，独立自主的地位在不经意间慢慢下滑着。自从1860年外国银行这种更加专业的金融机构介入中国的资金流通领域之后，它们凭借更为强大的资金优势和更加精细的工作模式，把洋行和钱庄都挤到旁边，成为三者之间当之无愧的主导者。

那么，这是不是意味着钱庄已经没落了，没有任何前途可言了呢？也不全是。钱庄作为中国本土的代表性金融机构，其生命力还是相当顽强的。外商银行的兴起的确使它们面临危机。但危机不单意味着危险，还意味着机遇。面对金融行业的激烈竞争，中国的钱庄并没有一败涂地，而是抓住机会与外商银行进行业务合作，当然，其中洋买办的牵线搭桥作用是显而易见的。

在19世纪中后期的上海金融界，钱庄利用买办，逐渐与外商建立业务合作关系绝非不少见。那时，中国的钱庄常常通过向外资银行拆借的方式取得短期贷款，结果不仅缓解了自身资金不足、周转不畅的难题，还使中国钱庄在金融市场上的地位得以提升。

与早前进入中国的洋行一样，刚刚进入中国金融市场的外资银行，对中国的风俗习惯、货币情况、票据流通制度等不甚了解，再加上语言差异，要想快速开拓市场十分困难。而买办与华商、外商以及中国金融机构都有千丝万缕的联系，并且熟悉中国的市场、人情等。所以，它们决定聘用华人为买办，让买办充当其拓展业务的媒介。

于是，在上海滩，随着外资银行的不断增多及其业务的拓展，一些声名显赫的银行买办世家也渐渐形成。

席正甫没有"宁做鸡头，不做凤尾"的保守思想，当他发现在外国银行做事会有更加广阔的前景之后，毅然抛下钱庄老板的身份，进入汇丰银行，做了王槐山的个人助理。正是有了这个决定，在以后的几十年间，以席正甫为核心的洞庭东山席氏家族成为中国金融界中影响力巨大的一个买办之家。在整个上海金融圈中，席正甫的名望非同一般，这不仅因为他本人在汇丰任买办一职达30年之久，还因为他的提携、帮助，席氏家族众多成员都成为十里洋场赫赫有名的买办。可以这么说，在席家的支撑下，整个洞庭东山帮的势力也不断发展壮大，成为当时社会中一股不可忽视的商业势力。

在买办这个阶层刚刚出现的时期，洞庭席氏买办家族还没发达。当时驰骋洋场的是浙江宁波帮、广东香山帮等几个实力雄厚的地域性买办群体以及少数几个具有代表性的大买办。也就是说，在席正甫之前，中国的买办圈已经有了相当于少林、武当这样的比较成熟的帮派，并且这些帮派当中还没有江苏东山商人的一席之地。

买办圈的领头羊——广东帮

中国最早的买办诞生在广东，这一点恐怕没有人会质疑。原因很简单，早在17世纪晚期的康熙年间，时任广东巡抚的李士祯就在当地颁布了一条公告，指明了凡是身家殷实的人只要每年向朝廷缴纳一定数额的白银，就能以官商的身份承揽对外贸易。此公告一出，广州的富人们蜂拥而至，纷纷要求承揽对外贸易事宜。到了乾隆二十二年（公元1757年），乾隆爷更是下了一道圣旨，将广州定为唯一合法的通商口岸。这样一来，所有的对外贸易只能集中在广州一地，史称"一口通商"。曾经的广东巡抚也好、乾隆皇帝也罢，估计他们做出把广州定为"特权贸易区"这一决定的时候也没有预料到，此后的一百年，仅此一地就向国库贡献了至少40%的关税收入，甚至具备了万岁爷的"小金库"的功能。

其实，在决定谁来和外国人打交道、谁有资格与洋人做买卖时，也引起了不少争议。清政府经过内部协商之后，指定了一些商人以中介的身份同外商进行贸易，并把"以官制商，以商制夷"作为指导思想来约束这批中介商人。时间长了，指导思想逐渐被人们遗忘，曾经的中介商人们却利用自己通晓英语、熟知洋务的优势，游走在外商和华商之间，成为独具特色的买办群体。

这群由中介商人而演变为买办的富人们开设的商行有一个统一的称呼——"广州十三行"。这实际上就是一个拥有商业特权的官商团体，它由多家商行和洋行组成。有了"政府指定专营"的特殊背景，广州十三行自然而然享有了对外贸易的垄断权，为广东帮买办的成长提供了基础。

"广州十三行"又叫"洋行""外洋行"或者"洋货行"，数量并非固定的十三家商行，而是随着市场的波动减少或者增加。多的时候，这个数目达到过四五十家，少的时候仅剩下四五家。比较有名的诸如怡和洋行、太古洋行、广利洋行、同孚洋行、东兴洋行、天宝洋行、顺泰洋行等。这些洋行随着中外贸易量的剧增逐渐声名鹊起，形成了以广东人为主的一个买办群体，大商人潘振承、伍秉鉴、卢观恒、叶上林等人很快成为其中的佼佼者。广州也从此时起有了潘、卢、伍、叶四大买办豪门。

广东帮的买办又以香山籍的居多，而且这些买办之间还有着千丝万缕的联系。就以郑观应来说，这位由买办转换为民族资本家的大能人出身于买办世家，与唐廷枢家族有着牢不可破的姻亲关系，与徐润家族更是百年世交。这样一来，同乡、同业兼亲朋好友的组合自然会在事业中相互提携。

美国学者郝延平先生就曾注意到，"绝大多数中国买办特别是19世纪80年代以前，都是来自广州的"①，而且"在

---

① ［美］郝延平.十九世纪的中国买办：东西间桥梁［M］.李荣昌，等，译.上海：上海社会科学院出版社，1988.

广州买办中，许多人是香山县人"[1]，"'香山人'这一名称甚至被看作是'买办阶级'的同义语"[2]。近代第一批改良主义思想家、政论家王韬也在其著作《瀛壖杂志》中提到，直到19世纪70年代，上海洋行的买办仍然"半皆粤人为之"。

虽然最早的买办大多是广州人，但不等于说广州人只会守着自己的"一亩三分地"，闷头发财。他们会根据洋行的发展、洋人的需求去天津、上海等地与同乡好友继续合作、继续风光。

怡和洋行的伍秉鉴就是最早前往上海的一批职业买办。旗昌洋行、宝顺洋行紧随其后，也来到上海设立分行。后来，很有名的买办唐廷枢、徐润均随行。伍秉鉴拥有雄才大略，善于经营，其个人财富在顶峰的时候一度达到了2600万两白银，是他所处时代的世界首富。据说同时代的美国首富才不过只有700万两白银的资产。[3]

广东买办们走出广东之后，把上海当作他们最为重要的表演舞台。一段来自1879年9月5日《申报》的记述可以很好

---

① ［美］郝延平.十九世经的中国买办：东西间桥梁［M］.李荣昌，等，译.上海：上海社会科学院出版社，1988.

② ［美］郝延平.十九世经的中国买办：东西间桥梁［M］.李荣昌，等，译.上海：上海社会科学院出版社，1988.

③ 贷痴.清代首富伍秉鉴的财富人生［M］.北京：中国致公出版社，2010：第105页.

地证明这一点："广帮为生意中第一大帮，在沪上尤首屈一指。居沪之人亦推广帮为多，生意之本惟广帮为富。"[①] 尤其是清末，到上海做生意的广东人已经达到17万之多，走在上海的大街上，到处都能听到粤语，恍若身在广州。以至于上海一度被称为"小广东"。

除了上海之外，天津的各大洋行、外资银行的买办当中，也有不少从广东千里迢迢北上的香山人。像梁彦青和陈祝龄、郑翼之、陈子珍、罗道生、严兆祯等人，都从香山而来，分别服务于天津怡和洋行、太古洋行、仁记洋行、华俄道胜银行等外资公司。

后来者居上——宁波帮

在广东帮的全盛时期，来自浙江的宁波帮也在悄然而动，静待异军突起的机会。早在明清时期，中国的商业活动领域就有了"十大商帮"的叫法，宁波帮与山西商帮、安徽商帮、洞庭商帮、广东商帮等著名的商帮并列排在一起，毫不逊色。因为宁波帮的买办占据了浙江籍买办的百分之八九十，所以一般情况下，提到浙江籍买办就等于在说宁波

---

① 朱英. 商业革命中的文化变迁——近代上海商人与"海派"文化 [M]. 武汉：华中理工大学出版社，1996：第208页.

买办。

宁波位于浙江省东部，长江三角洲的南端，是浙江省境内的第二大城市。因为旧时的宁波府曾下辖鄞县、镇海、慈溪、奉化、象山、定海等六县，所以后来经商者凡是出自这六县的商人，都以"宁波帮"自居。在清代乾隆年间，宁波海商的活动区域就超出了长江流域，经营着合法而颇有规模的对日贸易。鸦片战争之后，宁波帮更是凭借自身作为开埠城市的便利条件，迅速适应了新兴的对外贸易，开始出现买办群体。

宁波买办与香山买办有一个很大的不同，那就是出身低微、文化程度有限。香山的唐廷枢、徐润、容闳、郑观应等人都是大户人家出身，有的在海外留过学，有的到香港接受过系统的英式教育，文化层次最低的也在当地接受过完整的传统教育，每个人都是时人眼中的"大知识分子"。尤其是容闳，他是美国名校耶鲁大学毕业的高材生，有着"近代中国留学生之父"的美誉。反观宁波帮的买办多为平民出身，大都经历过从学徒到跑街，进而跻身为买办的艰难成功路。这一点倒是与席正甫的经历颇为相似。比如著名的宁波帮买办朱葆三、虞洽卿、叶澄衷、王铭槐等人都曾因为家境贫寒，迫于生计才不得不委身洋行做学徒。

有一个典故叫"后来者居上"，拿来形容浙江籍买办和广东籍买办的关系极为合适。19世纪80年代以前，广州、上海的买办皆以广东香山人为翘楚。19世纪80年代之后，宁波帮买办后来者居上，逐渐越过广东帮，成为买办集团的老大，直至买办制度废除（1949年新中国成立后买办制度被废止）。至于江苏人席正甫以及他所率领的洞庭席氏买办家族，则在买办史上独放异彩，让所有人印象深刻。不过虽然席正甫及其家族在上海买办圈有着呼风唤雨的影响力，但上海的买办圈，始终还是浙江籍买办占多数。

史学界公认的出现在大上海的第一个浙江籍买办是宁波定海人穆炳元。穆炳元先生出身奇特，既不是唐廷枢那样的世家公子，也不是朱葆三那样的升斗小民，而是清兵的一个小头目。在鸦片战争中，穆炳元受伤被俘，被英军征集到一艘舰艇上做仆役。谁能想到，头脑灵活的俘虏竟然在英军的地盘掌握了一些用于日常交流的英语，顺便还学到了英国人做贸易的一些技巧。英方的头目看到穆炳元头脑灵活，在和中国人打交道的时候经常把他带到身边，让他担任翻译，并对他信任有加。尤其是英军进驻上海之后，各种对华的贸易越来越多，穆炳元这样既熟悉国情又懂英语的人自然而然成长为职业买办。

穆炳元、"洋枪队"的杨坊、汇丰银行的王槐山等人算得上宁波帮的第一代买办，他们替宁波人在上海站住了脚跟。第二代宁波帮买办则是王铭槐、叶澄衷等人，王铭槐作为"天津四大买办"之一，是浙江籍买办北上天津的第一人；"买办中的买办"朱葆三、"上海总商会会长"虞洽卿、"火柴大王"刘鸿生等人就是宁波帮第三代买办的代表人物，是他们联手把宁波帮推上了"中国第一大商帮"的高位。

天津四大买办

天津是当时除上海之外的又一个各洋行、银行买办们各显其能的大舞台。梁炎卿、郑翼之、吴调卿、王铭槐并称为"天津四大买办"，他们的人脉、手段乃至积累的财富都是当时天津卫众多买办学习的楷模。

梁炎卿来自广东佛山，是怡和洋行天津分行的首任买办。他18岁就被父亲送到香港著名的皇仁书院学习，一口英语极为流利。毕业后的梁炎卿先到上海怡和洋行实习，得到了英国上司的赏识。1874年，年仅22岁的梁炎卿就当上了怡和总公司的"大写"（公司秘书）。到1890年，怡和洋行天津分行扩大规模的时候，梁炎卿被任命为天津分行的"当家买办"，直到1938年去世。如果从他进入怡和做实习生开始算起，那么梁炎卿在这家洋行一干就是68年，绝对是行业中的"教父级"人物。梁炎卿做买办、股票和地产都颇为成功，以2000万银元的家底始终保持着天津买办首富的地位，有天津"买办之王"的称呼。

郑翼之的经历与席正甫有不少相似之处。他们都有一个能干的兄长，都曾在洋行做过小伙计，而且都凭借自身的努力得到了洋上司的赏识。这里用"拼爹"的意思来拼一拼"哥"的话，郑翼之的兄长比席正甫的兄长要成功一些。郑翼之是郑观应的弟弟，他经大哥郑观应的推荐进入英商太古洋行。

1881年，太古洋行在天津设立分行，郑翼之成为天津太古洋行的买办助理。这一点与席正甫相似。席正甫初到汇丰银行的时候，也是给首席大买办王槐山做助理。郑翼之全心打理太古洋行在天津的业务，积极拓展津沪线、津港线的航运，得到上司的高度认可，26岁就荣升为天津太古洋行的买办。

天津汇丰银行第一任买办吴调卿的表现也很抢眼。他从一开始做买办就"不走寻常路"，利用政治影响，最后居然让清政府将他列在"洋务官"之内。有道是"虎父无犬子"，吴调卿的长子吴颂平也像他的父亲一样擅长周旋于官场。他毕业于北洋巡警学堂，曾捐官[①]候补知府，赴美学习

---

① 捐官，又称捐纳，是封建社会时期为弥补财政困难，允许人们向国家捐纳钱物以取得官职的一种方式。

过军事，还曾任山西教育厅厅长。抗日战争爆发后，吴颂平出任日资企业大华煤油公司的常务董事。

用"一人得道，鸡犬升天"来形容买办之间互相提携的重要性好像有些不大恭敬，可事实的确如此。几乎所有的大买办们都会不遗余力地提携自己的同乡，培植自己的势力。一百多年前的天津买办群中，来自宁波的王铭槐就是通过对同乡的大力扶植，最后建起了一个能与"广东帮"抗衡的"宁波帮"。由于王铭槐的儿子、孙子等均在洋行担任买办，以至于王家一度被称为"买办之家"。不过与席正甫代表的买办家族相比来看，王家还是有点"小巫见大巫"的感觉。

天津"四大买办"的发迹并不是幸运砸到了他们头上，而是这几个人有着优于常人的能力和手腕。通过几位前辈的成长足迹，我们也可以设想一下，刚刚踏入买办圈子的席正甫想要在上海缔造一个备受瞩目的买办世家绝非易事。他的面前是一大批有着很高名望与社会地位的金融界前辈，要超越他们，席正甫的羽翼或许还未丰满。

席正甫让世人惊讶又钦佩不已的地方正在于此，他只用了短短几年的时间，就真的在上海滩这个陌生又充满商机的城市为洞庭山帮撑起了一片天。因为席正甫在买办这一行业出色的表现，他最终成为与唐廷枢、郑观应、徐润等人齐名的"晚清四大买办"。席正甫为江苏人在买办领域、金融领域奠定了极高的地位,这不能不说是他个人奋斗史上的一个精彩看点。

从某种意义上说,席正甫的创富传奇始于汇丰银行,始于他的引路人王槐山。

本章主要参考资料

[1]徐矛,姜天鹰.中国十买办——席正甫[M].上海:上海人民出版社,1996.

[2]张珺.吴中席氏南迁与"武山之战"[N].苏州日报,2012-08-03.

[3]马学强.江南席家:中国一个经商大族的变迁[M].北京:商务印书馆,2007.

[4]刘诗平.汇丰帝国:全球顶级金融机构的百年传奇[M].北京:中信出版社,2010.

[5]宋佩玉.近代上海的第一次金融风潮研究[J].史林,2011(1).

[6]戴鞍钢,租界与晚清上海农村[J].学术月刊,2002(5).

[7][美]郝延平.十九世纪的中国买办:东西间桥梁[M].上海:上海社会科学院出版社,1988.

［8］贷痴.清代首富伍秉鉴的财富人生［M］.北京：中国致公出版社，2010.

［9］朱英.商业革命中的文化变迁——近代上海商人与"海派"文化［M］.武汉：华中理工大学出版社，1996.

［10］杨涌泉.广东商帮：八仙过海各显神通［J］.现代国企研究，2013（2）.

［11］阿能."宁波帮"中的第一个买办穆炳元［J］.舟山市史志办公室，舟博刊物2008（2）.

［12］王志辉.四大买办 津城发迹［N］.天津青年报，2003-11-14.

第二章

职场华丽大转身

席正甫在商界的亮相并不让人惊艳，他以钱庄学徒的身份踏入金融界，又以钱庄老板的身份进入买办圈。在汇丰银行，他遇到了王槐山这个保守派的前辈。几年时间，他通过自己的努力取而代之，完成了职场的华丽转身。席正甫这个名字将与汇丰银行一起载入史册。

第一节　一个与众不同的金融界老前辈

汇丰银行的第一任买办王槐山在买办界中绝对称得上独树一帜。王老先生与众不同的地方在于他别具一格的穿衣打扮。当上海滩其他买办都以穿西装、剪发辫、挂文明棍为荣的时代，王槐山却始终坚持以长袍马褂、瓜皮小帽、粉底缎靴和长旱烟管的经典造型亮相，鲜明的"王氏风格"让所有业界中人印象深刻。身在洋场，王槐山竟然还保留着年终谢财神，新春接财神的传统商业习惯，这也是买办同行们茶余饭后会心一笑的段子。更为惊奇的是，身为华商和外商的中间人，王槐山竟然一句英文都不会说，走到哪里谈生意都必须随身带着一位翻译。那么王槐山是如何当上买办的呢？

三余钱庄跑街王槐山

要说起当买办的事情，还得从王槐山是怎么当上钱庄的跑街说起。从中国钱庄工作人员到外资银行中介人员，这两个身份之间的转换是当时上海滩比较常见的"鲤鱼跃龙门"模式。在平民眼中，谁能在钱庄"扑腾"，就算了不起的一条"大鲤鱼"了。如果谁能侥幸搭上洋人的关系，成为买办，开汽车、住洋房，那就如同"鲤鱼"完成了"跳龙门"般的飞跃。

王槐山，浙江余姚人，十几岁便到上海滩来闯荡，平时帮人干些杂活来填饱肚子。关于王槐山是如何当上钱庄跑街，有一段很有"民间故事"色彩的市井传闻。

话说一次王槐山回老家的时候，在路上捡到一个包裹。他打开一看顿时傻了眼——里面全是金条！这对于一个穷小子来说，简直是天上掉馅饼的好事，换了是别人，早就裹了钱财跑了。可是王槐山本性忠厚老实，并不是什么贪便宜的人，他站在原地足足等了一天，才等到了包裹的失主。

失主不是别人，正是当时上海赫赫有名的三余钱庄的余老板。财产失而复得，余老板对王槐山千恩万谢，还当场拿出包裹里的两根金条，要送给王槐山。一包裹的金条都不要

的人，能对两根金条动心吗？王槐山自然是谢绝了。余老板
见这个小伙子如此厚道，便又换了一种感谢他的方法："小
兄弟可愿到我的钱庄去做跑街？三余钱庄虽不是什么大商
行，可也能保你与家人衣食无忧。"一心想凭真本事吃饭的
王槐山欣然答应了余老板的请求。这样，他便当上了三余钱
庄的跑街。

事实证明，这段传闻确实只是传闻而已，是王槐山发了
财、出了名之后，好事者编撰的发迹故事的其中一个版本而
已。实际上，更多的学者经过考证，认为上海三余钱庄的余
老板不是别人，而是王槐山的亲舅舅。

王槐山能够进入汇丰银行，并担任第一任买办，与汇丰
银行上海分行的第一任洋人大班（旧时称洋行经理为大班）
麦克利大有关系。两个人的交往从一开始的泛泛之交到后来
的患难见真情，还真有着戏剧成分在里面。王槐山在为汇丰
银行服务之前，因为自己是三余钱庄的"跑街"的身份，认
识了时任会德丰洋行大班的英国商人麦克利。

"跑街"是上海话，放到现在来说就是推销员的意思。
王槐山担任跑街的工作时间长了，交际的本领自然颇为圆
熟，加上他身在钱庄，经常需要与洋人打交道，对外国人并
不陌生。

王槐山命运的转折点

真正把王槐山和麦克利的命运栓到一起的事件是一次借债。当时麦克利还是老牌英资洋行会德丰的大班，他通过自己的渠道得知香港的英商有组建香港上海汇丰银行的打算，认为这是一个好的发展机会。在会德丰做大班固然好，但如果能在新开的银行入股成为股东的话，那就更好了。于是麦克利打算尽快回到英国筹集股款，好在汇丰银行成立之初，成为第一批股东。

理想很丰满，现实却很骨感。一心想做银行股东的麦克利临行之前才发现自己当时连漂洋过海回国的路费都不够。他先向自己所在洋行的买办叶吉庆借款，不料遭到了对方的婉拒。从自己最熟悉的同事那里都借不到钱，麦克利感觉十分丧气。他抱着试试看的心态，开口向三余钱庄的王槐山提出借款的意思。本来麦克利是做好了失败的准备的，毕竟王槐山与自己只是业务上有联系，并没有熟悉到可以随便借钱的地步。没想到王槐山十分仗义，当他听完麦克利的打算，在别人都不肯借债给麦克利的情况下，竟然点头允诺了。

麦克利向王槐山借2000两银子，可当时王槐山的私人积蓄只有1000两。为了完成自己的承诺，他不但拿出了自己的全部积蓄，还挪用了钱庄的部分客户的长期存款才算凑够了2000两银子。正是这一次慷慨解囊，普通钱庄的跑街王槐山的命运有了转折点。

如果麦克利按照自己承诺的那样少则九个月多则一年就及时回到中国，并还上向王槐山借走的银子，也许就不会有后来的故事了。可是他一走两年，杳无音讯，可把王槐山给坑坏了。钱庄年终结账，余老板发现了王槐山私自挪用公款的事情。虽然老板很重视这个老实人，但是钱庄有钱庄的规矩，王槐山只能接受"永不录用"的现实。失去工作的同时也失去了信誉的王槐山很是落寞地离开了上海，回到了浙江余姚老家赋闲。王槐山离开上海了，但他挪用钱庄现银救济朋友的事情，却在上海滩传得满城风雨。

两年之后，麦克利从英国返回上海，第一个要找的人就是王槐山。当他听说王槐山因为借给他银子而失业之后，很是愧疚，就亲自去浙江余姚请王槐山出山，担任汇丰银行上海分行的第一任买办。原来，他回英国的路费是用不着那么多钱的，可是因为他想入股汇丰银行，才有了向王槐山借款的事。

如今麦克利以汇丰银行首任大班的身份返回上海了，雇佣的买办当然要找他最信得过的中国人。这样，根本不懂英文的王槐山才破例成为汇丰银行的第一任买办。只是当上买办还不够显示麦克利报恩的决心，没有任何条件、无需任何担保就让王槐山坐上首席买办的位置才是麦克利的大手笔。

王槐山成为汇丰银行第一任买办的曲折经历，成为上海滩的商人几乎无人不知、无人不晓的经典段子。许多人都认为，他做成这个买办，好运气占了很大一部分。想想看，拾金不昧当上跑街，救人于水火当上买办，这不正是运气使然吗？

没错，运气对人一生的命运来说，有时确实起着至关重要的作用。但在当时，一个人若想当上买办，或是在金融行业工作，还要受到时代背景等诸多因素的影响与制约。19世纪四五十年代，中国的经济环境复杂多变，外国商人又对中国的市场形势不甚了解。所以，在开设商行、银行等金融机构时，外商必须聘请熟悉本地市场行情的人来跑业务。天下没有免费的午餐，王槐山做过跑街，熟知上海滩的钱庄运营模式，请他做买办，麦克利也是看中了他丰富的经验。

因为买办的"钱途"光明，所以想要成为买办并不是一件容易的事情。虽然业内对一个理想的买办并没有详细的衡量标准，但是有几个公认的原则却是买办必须具备的。其中，最基本的一条就是能熟练运用英语与外国人交流，这对于王槐山来说可以破例，但对其他的买办来说却是必不可少的。

成为买办的第二个标准就是拥有拓展业务的能力。这一项与会说英语几乎同样重要，只有具备一定的财产、一定的社会地位和一定的人际关系的商人才有可能胜任一个买办的工作。洋行最需要的并不是一个"中国通"般的翻译，更需要借助买办的人脉来帮助自己联系业务、招徕生意。

香港太古洋行的第一任买办莫仕扬就曾被外商给予高度评价，对方盛赞莫仕扬"我毫不怀疑他至少值五万大洋，还可能更多。虽然他的英语说得不很好，但其富有，并是当地资格最早的大买办之一，有大面子"。[①] 莫仕扬就是凭借自己在华商与外商之间的"大面子"，使得莫家祖孙三代成为太古洋行实际当家人，控制了这家洋行长达半个世纪之久。

买办候选人是否值得信赖，也是能否成为买办的重要指标。像王槐山这样与外商大班之间有着非同寻常交情的情况实在是稀有，所以有一个洋行所信赖的华商充当介绍人，并愿意作保是中国人成为买办最为常见的途径之一。

19世纪四五十年代，一个实力雄厚的华商的一封推荐信可以向洋行推荐一个买办。不过，随着买办的地位越来越高，一封介绍信已不足以担当这重任了。想做买办的人必须有一个或者几个担保人书面作保，还要缴纳一定的保证金才

---

① 胡波.香山买办与近代中国［J］.百年千年，2007（6）.

能进入洋行做事。这样一旦这位买办利用职权耍点什么不光彩的手段，洋行就可以直接找担保人索赔。担保人付出了信用和金钱的双重保障，好处是可以拿到自己所担保的买办每年净收益的1/5。

除了找人担保之外，更为可靠的方法是自己给自己担保，缴纳一定的保证金，家道殷实的席正甫走的就是这条路。他本来就是钱庄的主人，能来汇丰银行来做助理买办，也算是屈尊而至了，而银行对这类买办也是最为欢迎的。

一个称职的华人买办之所以重要，还因为中国人更容易了解中国金融界复杂的现状——当时中国的钱钞票据根本没有统一的标准，就连市面上流通的现银真伪也完全靠技术纯熟的钱庄工作人员进行鉴定。所以，拥有丰富的从业经验成为外国银行必须倚重华人买办的一个重要原因。另外与在华的外资银行打交道的客户是中国本地的商户们。他们的信用度如何、实力如何，若非熟悉情况的当地人帮忙，外资银行想靠自己把这些情况搞清楚还真非易事。

明白当年外国银行挑选买办的条件，我们大概也就了解了王槐山是何其幸运，如何不走寻常路成为汇丰银行的第一任买办了。但麦克利这样的人可不是冤大头，他选择王槐山来做买办并非完全处于报恩的心理，更重要的是王槐山在做生意方面确实有可取之处。通过以往打交道的经验，麦克利深知王槐山做过跑街，熟知上海滩的钱庄运营模式，请他做买办，也是看中了他丰富的人生阅历。

事实证明，麦克利这位洋人选择王槐山做买办算是选对了人。此君既有中国人传统的忠厚老实的品质，又有着生意人特有的精明老道，善于与人交往，拉拢关系。也正是因为他诚实守信，为人厚道，许多钱庄的老板都愿意与他所在的汇丰银行有生意上的往来。

有人说，汇丰银行在上海的历程始于两笔充满了冒险精神的投资。麦克利借钱入股汇丰算是第一笔风险投资，而王槐山冒险借钱给麦克利就算是第二笔非正式的风险投资了。换句话说，麦克利投资的是生意、是汇丰、是银行业在中国的前景，而王槐山投资的是人、是麦克利这个洋人，是洋人在中国社会的前途。这样一来，看似冒险的举动实则是两个精明的生意人经过深思熟虑之后的选择，其回报远高于最初的投资。

从后来的发展来看，这的确是一场"双赢"的投资。王槐山赢了，他不但得到了汇丰银行首任买办的职位，得到了不菲的月薪，还在不到十年的时间内积攒下了百万家业；麦克利也赢了，他得到了王槐山这个熟悉中国钱庄业务的本地人的帮助，使汇丰银行在上海的业务得以顺利展开，与本土的钱庄在很长时间内保持了良好的合作关系。

王槐山在汇丰银行大展拳脚

因为与汇丰银行大班非同一般的关系，麦克利对王槐山极为信任，连库房钥匙都交给王槐山保管。有道是"县官不如现管"，王槐山利用自己对钱庄业务的熟悉以及汇丰银行的牌子做起了洋厘生意。具体是这样的：王槐山看到汇丰银行每天都会有多余的拆票[①]不用入库，他就趁机把这些拆票放款给钱庄，并以自己的信用作担保，开始承兑[②]钱庄的庄票。这一做法简直就是空手套白狼，自己一点本钱都不用出，还能获得不菲的利润，老实人胆大起来也很让人"敬畏"。王槐山的做法在当时的银行界应该属于"创举"，用行话来说，相当于西方国家的中央银行对商业银行的再贴现。

不久，汇丰银行察觉了王槐山搞的"猫腻"，这让王槐山颇感忐忑。自己已经被钱庄开除一次了，如果这次再被银行开掉，那后半辈子就没法在上海滩混了。没想到的是，汇

---

① 拆票，钱庄之间相互借贷的一种短期借款。由多银者拆出（贷出），缺银者拆进（借入）。

② 承兑，即承诺对付，是付款人在汇票上签章表示承诺将来的汇票到期时承担付款义务的一种行为。

丰银行早就有控制上海钱庄进而控制整个上海金融界的打算，只是苦苦找不到切入点罢了。因为外资银行知道，想要迅速渗透中国的金融市场，必然要与钱庄打交道。如果不能一个回合就"打倒"钱庄的话，就只能加以利用，以钱庄为媒介，达到逐步控制上海金融界的目的。而王槐山的"再贴现"给了他们灵感，这可是个好机会！

于是，幸运的王槐山不仅没有被开除，反而在东家的支持下大规模地向钱庄放款。因为是独家业务，汇丰银行买办间的业务量猛增，逐渐形成了上海钱庄的流动资金大多来自汇丰银行的局面。有了汇丰银行雄厚的资金支持，上海的钱庄业也更加红火，可是红火的背后却是受制于人。明眼人都知道，一旦汇丰银行突然收回本金，很多钱庄立刻就会陷入周转不灵、信用崩盘的风险中。不久之后，其他外资银行如英国的有利、法国的汇理、日本的正金等纷纷效仿汇丰银行竞相聘请精通中国钱庄业务的华人买办，开始通融拆票、通行庄票的业务。

老牌的洋行们自然不会甘心看着汇丰银行等后生晚辈独自发财，他们很快也转变了思路，跟着做起了拆票的生意。像著名的老资格英资洋行——怡和洋行就在1868年转型，在大买办唐廷枢的张罗下向钱庄拆票了。怡和是远东地区最大的英资财团，也是首家在上海开设洋行的欧洲公司，它的一举一动无不受到其他银行的关注。唐廷枢也是当时数一数二的买办，有他在前面做先锋，跟风的洋行和买办越来越多。

当时，上海怡和洋行的经理约翰逊对唐廷枢的这一举动是大加赞赏，他还把这件事写在公函当中，发给香港怡和洋行总部。约翰逊在公函中不无得意地炫耀道："我发现有时候可以把我们的现金结余投放到中国钱庄的庄票上去。这种庄票在三至七天的短期内就能兑现，利率是从12%~15%不等。我认为相当安全，因为我对任何一家钱庄庄票的贴现都不会超过10000两或15000两……"[1] 他在公函的后面也没有忘记唐廷枢的功劳，很客观地表示"我知道这种生意的成功全赖我们买办的聪明和可靠"。[2]

以我们如今的眼光来看，在买办这个职位上，唐廷枢无疑做得比王槐山要成功得多。但在当时，唐廷枢得到英方老板赏识的地方正是效仿王槐山首创的拆票法，说明王槐山到底还是有两下子的。

所有在上海打拼的浙江老乡都知道汇丰银行的王槐山乐善好施，有了难处向他开口总没错。上海的钱庄老板们也都

① 徐颖. 从买办到民族资本家：中国早期工业化中的唐廷枢[D]. 郑州：郑州大学，2005.
② 徐颖. 从买办到民族资本家：中国早期工业化中的唐廷枢[D]. 郑州：郑州大学，2005.

知道王槐山就是钱庄跑街出身，对自己以前的老本行颇为留恋，只要是钱庄向他求助，他都是尽可能满足。甚至遇上经营不善的钱庄向他求援，他还会派出一些熟悉金融的朋友去帮助这些钱庄整顿管理、改善经营。由于王槐山派出去的金融人才也大多是浙江绍兴人，所以他在上海钱庄业的关系网经营得相当牢固。

再说王槐山由本来偷偷摸摸地放款到光明正大地挣钱，前后六年时间，就给自己赚了80万两白花花的银子。他没有把这些钱投在上海，而是依照衣锦还乡的指导思想，把银子全部都汇到家乡余姚购买了田产。除了购房置地，王槐山还创办了一个怀德义庄，在家乡大办慈善事业，乡邻们对这位老乡的评价自然是极高的。

只不过，在老家评价高不等于王槐山就事事顺利了，比如，不会说英语这件事，就是他与东家的一块心病。平日里，只要遇到需要跟洋人沟通的情况，王槐山必须有翻译在旁，否则便无法沟通。而他最初聘请的几个会说洋话的伙计又大多不懂得洋行业务，所以在翻译中常出现偏差，这让王槐山很恼火。最后，为此事焦头烂额的王槐山找到了自己的老相识——沙逊洋行的买办沈二园，请他帮自己物色一个既会说英语又懂钱庄业务的得力助手。

席正甫年轻有为，自己开着钱庄不说，一口英语也说得相当流利，完全符合王槐山对助手的期许。所以当王槐山向沈二园寻求帮助的时候，席正甫人生最为重要的机遇来临了。他即将展开自己在汇丰银行、在上海金融界多姿多彩的"黄金时代"。

第二节　静待时机的席买办

经舅舅沈二园的介绍，席正甫在1866年盛夏的某一天见到了大名鼎鼎的王槐山。当时并没有人注意到，这次会面将是汇丰银行的第一任与第二任买办之间的初次交锋，也没有人能够预料到站在王槐山面前的小伙子将会在几年之后取代他，成为红遍整个上海金融界的大红人。

那一天，席正甫第一次走进了位于外滩花园（今南京东路）巷一栋三层高的洋楼，这就是汇丰银行上海分行。今天，上海繁华路段的一座三层西式建筑与不计其数的摩天大楼根本无法相提并论。可在当时，汇丰银行白色的欧式建筑是那样的抢眼、那样的别具一格。多少人被拒之门外，只能盯着这座气派的大厦望楼兴叹。

后来汇丰银行搬到了位于外滩的海关隔壁，建成了如今仍在使用的高7层，占地14亩的超豪华大楼。在20世纪早期，汇丰银行大厦是上海的地标性建筑，被称为"从苏伊士运河到远东白令海峡的一座最讲究的建筑物"[①] "中国近代西方古典主义建筑的最高杰作"[②]。即便以今天的眼光来看，外滩12号的汇丰银行大楼依然是最耀眼的建筑之一。尽管这座大楼现在已经换上了"上海浦东发展银行"的招牌，但它巨大的欧式穹顶、花饰细腻的六扇大门、威武雄壮的一对铜狮、精美绝伦的八组壁画，无一不昭显着汇丰银行昔日的辉煌。法国卢浮宫的艺术总监曾在一次记者招待会上说过："目前世界上仅发现6根直径1米、高6米的完整大理石石柱，有2根在巴黎的卢浮宫，而其余4根，则正在支撑着外滩汇丰银行的底层天棚！"[③]

　　说起来，席正甫在东山老家就是世家大族弟子，来到上海之后又做了几年钱庄老板，不算没有见过世面的乡下人。可是初次踏入汇丰银行的时候，他依然被这里富丽堂皇的装饰风格震惊了。气派的办公环境愈发坚定了席正甫留在这里做出一番事业的决心。

---

① 资本交易编辑部.上海外滩建筑群——汇丰银行大楼[J].资本交易，2013（9）.

② 资本交易编辑部.上海外滩建筑群——汇丰银行大楼[J].资本交易，2013（9）.

③ 资本交易编辑部.上海外滩建筑群——汇丰银行大楼[J].资本交易，2013（9）.

没有人前来迎接他，席正甫自己向前厅的工作人员打听之后，经过七转八转，才来到了位于待客厅与银库之间的小屋前面。门上写着 "Comprador Office"（买办间），席正甫知道自己已经来到了汇丰银行的买办间。

洋行不可或缺的职务——买办

有些人可能会误以为买办是一场单打独斗的较量，是外商在华的一个代言者而已。其实不然，因为买办们所要经办的业务极为复杂，一个人根本忙不过来，所以买办们在绝大多数情况下都不是一个人在战斗，而是拥有自己一手组建的"买办团队"。

当时的买办们都很重视"裙带关系"，与今天的职场精英们常挂在嘴边的"团队建设"有异曲同工之处。因为他们能进入洋行多半是熟人、亲人引荐而来，自然而然会好好利用自己的职位，帮衬一下家族其他的成员或者亲戚、同乡等"自己人"。不要以为买办只能代外商招募厨子、门房、仓库保管员等基层服务人员，保存现银和贵重物品的任务也都由买办来统一管理。

这个团队所在的办公室，就是所谓的"买办间"。买办间的规模大小，取决于该买办的人脉和他所服务的外资银行或者洋行的经济实力。据说后来成立的华比银行①买办间只有8个雇员，而汇丰银行在全盛时期曾雇佣过多达50个员工完成买办间的工作。

银行买办间与普通洋行买办间的不同之处在于，这个机构主要从事货币的出纳与保管、金银外汇的买进与卖出、票据的清算、放款保证和存款介绍等业务，当然就需要与之相关的各色人才。

具体来说，银行买办间的人员构成大体可以分为三类人。最为重要的是"跑街"或者叫"跑楼"，这类人是为了业务需要终日在外奔走、探听市场行情和各类消息的人，必须是头脑灵活、善于交际且为人可靠的人才能胜任，因此这个职务相当于买办助理或者副买办。席正甫来到汇丰之后，担任的第一个职务就是跑街。跑街的活动范围极广，除了上面我们提到的基本业务之外，有时候还要兼任客户的资产、信用调查等工作内容。

有意思的是，王槐山在担任汇丰银行的买办之前正是三余钱庄的跑街。而今席正甫一来就被安排了跑街的职位。细数近代中国的其他知名买办，其中不乏从跑街升任买办的著

---

① 华比银行，成立于1902年，总行设在比利时首部布鲁塞尔，1902年12月在上海设立分行。该行除经营存款、放款、汇兑等一般银行业务外，还着重在中国投资铁路。该行于1956年申请停业清理，1976年正式停业。

名经典案例。像民国时期知名的银行家虞洽卿就曾担任过德商鲁麟洋行的跑街，而且凭着他的能力很快就升为买办；有"颜料大王"之称的民国企业家周宗良初到上海，曾担任经营染料的德商谦信洋行跑街，5年后升任洋行买办；无锡巨富周舜卿同时享有"丝业大王"和"煤铁大王"的美誉，他在出任英资大明洋行的买办之前，也做过这家洋行的跑街兼翻译……

除去跑街之外，银行买办间还需要鉴定买办经手的金银、票据等是否真实的鉴定员，负责银钱票据记账、收授和清算的出纳员等专业人员以及从事现金的搬运、送票、售票、整理书信等杂事的工友。所有买办间雇工的薪水都是由当初招他们的买办负责的，因为他们的失误给银行造成损失的话也由买办来承担，负责一切善后事宜。

因此，银行不能随意干涉或者辞退买办间的任意一名雇员，而雇员们也不是随随便便就招进来的，多数是买办的亲戚、同乡或者极为信赖的朋友、熟人介绍来的，信用上都不成问题。席正甫就属于最后一类，他是熟人介绍的。舅舅沈二园的面子着实不小，如果没有舅舅的极力推荐，哪怕席正甫的英文说得再流利，恐怕也不会被王槐山一眼就相中的。

今天，在中国的外资银行当中，汇丰银行也排在榜首。哪怕是放在整个国际金融界的背景之下，汇丰银行跌宕起伏的故事也毫不逊色。从成立至今的100多年里，汇丰银行——这个权力与金钱的"帝国"内不知道发生了几多引人入胜的故事。席正甫祖孙三代在汇丰银行做了55年买办的历史也是其中重要的一个部分。那么，1866年的这个夏日，席正甫与汇丰银行真正的交集已经开始了。

席正甫在汇丰银行的第一份工作——跑街

当席正甫敲门进来的时候，看到买办间上上下下十几个人正围着两张长方形的桌子忙碌着。只有一个戴瓜皮帽、持旱烟管的中年男子威严地坐在一旁看着，不用问，这就是今天要接见自己的上司、汇丰银行的大买办——王槐山。

虽然席正甫是沈二园极力推荐的，但王槐山还是想考察一下眼前貌不惊人的小伙子是否真如老朋友说的那么优秀。他考察的办法很简单，直接示意一个洋人过来，用英语与席正甫交谈起来。如果是书面考试的话，席正甫或许还有些胆怯，但是经过这几年的学习，席正甫的英语口语已经相当不错了。他很大方地同洋人交谈，让根本不懂英语的王槐山也轻易看出来这个小伙子在语言方面确实过关了。这让他的心情大好，随口又问了席正甫几个关于业务方面的问题。席正甫做过几年钱庄伙计又当了几年钱庄老板，他与王槐山的知识面有着不小的重合度，他的回答头头是道，很合王槐山的心意。

就这样，席正甫放弃了钱庄小老板的位置，成为汇丰银行的跑街。

初来乍到，席正甫发现自己并没有想象中的无所不能，他需要学的东西还有很多。毕竟中国钱庄与外资银行在业务方面还存在着不小的差异。自己之前勉强也算得上是吃金融饭的，可是到了汇丰银行，席正甫才发现洋人的饭并不那么容易吃的。尤其是外商银行里的各种职位以及相对应的业务范畴，要比中国的钱庄复杂得多。

在银行当跑街不可能事事顺心，比如按照中国人的习惯，遇上恶劣无常的天气就不用出来跑业务了，可洋人不一样，他们只要业绩，不管天气；再比如刚开始做跑街的时候，会不时遇到洋人们或是老板们的冷嘲热讽，这种心理落差让做了几年老板的席正甫有点不适应。不过这些问题在席正甫眼里都是小事，最令他头疼的，是自己的上司王槐山。

没错，是王槐山把席正甫领进汇丰银行大门的，而且从进入汇丰的那一天起，王槐山待他也很不错，从没有给过他难堪。可是，席正甫知道自己与王槐山的分歧在于两个人有着完全不同的心态和世界观，甚至可以说根本就是两个世界的人。

王槐山属于比较老派的商人，虽说做了十几年的买办，但是西方那一套思想观念对他来说只属于工作时需要考虑的部分，对他本人的生活没有丝毫影响。王槐山虽然挣到了大把银子，但是他从来不肯在上海滩投资，而是统统寄回老家，让家人帮着自己买义庄、买田产。席正甫则不一样，他出身的洞庭席家有着几百年的经商传统，思想和见识比绍兴余姚小门小户出身的王槐山超前得多。席正甫继承了席氏先祖们善于变通的经济头脑，对新事物的接受和适应能力很强。

在做生意方面，席正甫对上司过于保守谨慎、不敢揽下大生意的态度不能苟同。他尤其听不惯的是王槐山经常对身边人唠叨"洋场今虽繁华，但就好比戏文一出，过眼云烟。一曲唱罢，人就散了，长不了啊。"之类的话。对于当时的银行、洋行来说，与朝廷搭上关系、发生关联才是最大的生意。

可王槐山出于保守的习惯，非常不喜欢与朝廷接触，不习惯和清政府的官员打交道，眼瞅着失去了不少做大买卖的机会。席正甫作为王槐山的助理，每次奉上司之命推掉送上门的政府买卖时，都会无比惋惜。

王槐山的志向与常人大不相同，既不敢依赖洋人，也不敢依靠官府。一般来说，做了买办的人天天在外商和华商之间牵线搭桥，无一不盼着双方的合作能够旷日持久。只有这样，自己才能财源广进。可他身在洋人开的银行做大买办，却从来不相信洋人能永远停留在上海滩呼风唤雨。他看清政府风雨飘摇，总害怕朝廷有朝一日会"变天"，自己若放款给朝廷的话，一旦收不回来就是巨大的损失。

机会总是垂青那些有准备的人。就在席正甫一心想做成一桩与朝廷有关的大生意时，还真就有了一个好机会送上门来。那是朝廷向汇丰银行提出的"福建海防借款"一案，涉及金额巨大，需要汇丰银行派出得力人手到天津谈判。

原来，当时大清政府的头号重臣、直隶总督李鸿章派人到汇丰银行的天津分行去过了。李总督的人突然秘密造访，是为了商量借款的事。当时清政府国库空虚已经是众人皆知的秘密，向外商借款也不算是什么新鲜事。但是这一次又有所不同：第一，来访者是李鸿章的代表，而李鸿章虽然只是直隶省的总督，但谁都不会怀疑他可以代表中央的意志；第二，此次借款涉及的数目特别巨大，以至于天津分行的负责人不敢做主。两个非同寻常的信息合在一起的结果就是天津分行的大班不敢耽搁，第一时间就汇报给上海分行，并希望上海可以派出得力的人员到天津来协助开展这笔大业务。

如果按照字面分析，天津和上海同为分行，等级应该一致才对，为什么天津分行的负责人要听命于上海方面的大班呢？这就是汇丰银行的特殊性。别看汇丰银行成立于香港，总行也设在香港，但因为当时的上海是整个中国的经济中心，所以汇丰银行的工作重心也随之倾斜到上海。从汇丰银行的全称也可以看出上海的特殊地位——香港上海汇丰银行，即HSBC。

汇丰银行得到这一消息之后，督促王槐山尽快做出决定，借还是不借，谈还是不谈，都要给出充分的理由。当然了，对于汇丰银行的人来说，想在中国做出一番成绩，想要超过丽如银行、有利银行等比自己先扎下根的同行们，这笔生意非常值得尝试。他们很希望麦克利高薪聘请的这位大买办能给力一些，能主动到天津与清政府代表进行接洽的。

要是按照王槐山一贯的保守作风来看，他是不会接下这档差事的。可是因为这次生意受到总行的关注，王槐山不好再像以前一样直接推辞。他反复思量之后，想到了自己的助手，那个头脑灵活、机智多变又通晓洋文的席正甫。于是，在思索很久之后，他坐着轿子敲响了席正甫家的大门。

当时席正甫工作了一天就要歇息了，忽然听到家人来报说王槐山到访。自己的上司深夜来访，肯定是有大事发生了，席正甫忙把王槐山迎进客厅。果然，王槐山进来就一脸凝重的样子，让席正甫也跟着心里一沉，不知道出了什么事情。他静待王槐山道出原委，这才暗自松了一口气。席正甫一面宽慰王槐山说这件事自己一定竭尽全力处理妥当，心里则像是看到了自己出头之日的曙光一样欣喜不已。他极力劝说王槐山把这个大项目应承下来，还保证如果有必要的话，自己愿意代替王老先生到天津走一趟。

相对于席正甫的积极态度，王槐山的犹豫不决显得让人气闷。敢于尝试、敢于创新的席正甫最终成为上海金融业的核心人物，并带领洞庭东山帮跻身买办圈，成为一股不容忽视的力量；谨小慎微、保守不前的王槐山却在买办命运的紧要关头畏首畏尾，失去了一飞冲天的大好机会。殊不知，正是这次谈判的成功，才为席正甫日后坐上汇丰银行大买办的位子奠定了基础。

第三节　汇丰银行的惨淡经营

在经过1866年的金融危机之后，汇丰银行虽然步入正轨，跻身大上海一流的银行之列，快速发展了几年。但是汇丰银行的业务并不是一直都一帆风顺的，有几年做得不好，甚至差点到了赔本赚吆喝的地步。为此银行经理们经常受到股东们的指责，约克多·克雷梭和詹姆斯·格雷格两任总经理都被迫辞职，就连汇丰银行的董事长也在股东大会上承认如果不是中国政府的这笔借款，1874年的下半年将无半点盈余可言。

热衷大宗投资的首任经理

那是1866年的金融危机过后，汇丰银行因其成立时间最晚、各项业务还未深入展开，故而受到的牵累较小。又因为同行们纷纷倒下，客观上为汇丰银行的成长提供了一个相对宽松的环境。同年，汇丰银行最主要的发起人之一宝顺洋行倒闭，虽然对汇丰银行的发展影响很大，但也让羽翼未丰的汇丰银行有惊无险地度过了一段难熬的时期。经过几年飞速发展之后，汇丰银行在存款、汇兑、印钞、放贷等现代银行的各大基本业务上都获得了长足的发展，同时也步入了几乎每个公司都会遇上的"瓶颈期"。创立十年，两任总经理辞职，对汇丰银行来说并不是一件好事。

汇丰银行香港分行的第一任总经理叫维克多·克雷梭。尽管汇丰银行是地地道道的英资银行，维克多·克雷梭却是一名法国人（一说是瑞士人）。汇丰银行成立之前，维克多·克雷梭就已经在中国生活多年，有着充沛的精力和善于冒险的精神。"喜欢冒险"这个评价是后来的汇丰银行最出色的总经理托马斯·杰克逊用来评价维克多·克雷梭的，这个评价很有讲究，既不是贬义，也不能算褒义，只能是一个中性词。因为有些时候，冒险精神是会对你从事的事业充满助力的，有的时候却恰恰相反。

汇丰银行在诞生之初，聘用维克多·克雷梭来担任总经理也许非常合适，因为他的热情和冒险精神可以帮助汇丰这家新生的银行在一个并不太熟悉的东方国度迅速站稳脚跟。

尤其是当初英国金融风潮蔓延、宝顺洋行倒闭的时候，是维克多·克雷梭力挽狂澜，带领汇丰银行从恶劣的金融环境中走出一条连续四年盈利的康庄大道。四年的盈利，对于一家致力于打造百年老店的银行来说显然是远远不够的。可是维克多·克雷梭在汇丰的好日子基本上也就是最初的四年。

维克多·克雷梭满含热情来为汇丰银行开创中国市场的时候，汇丰银行上海分行的第一任买办王槐山也在物色一位年轻而得力的助手来帮助自己开展工作。1866年，席正甫第一次走进汇丰这座高大的建筑物，而后全身心投入了"跑街"这个很有前途的工作当中。因为身份低微，眼界当然受到局限，席"跑街"只顾埋头在自己的"一亩三分地"上努力，不知道也不关心总行的风云变幻。

当1870年欧洲大陆爆发普法战争的时候，一直畅销不衰的中国生丝和茶叶在欧洲的销路受到的巨大影响。中外贸易几乎停滞，自然而然地影响了主要做汇兑业务的汇丰银行。我们再看看维克多·克雷梭这个时候采取了什么样的应对措施，来帮助汇丰银行渡过危机呢？

事实证明，这位浪漫的法国人对高回报的风险投资的兴趣显然超过了收入相对靠谱的一般投资项目。他对政府发行的公债并无多大兴趣，反倒对一家设在香港的炼糖厂、一家泰国（当时叫暹罗）的制糖公司、一些码头仓库公司以及远在欧洲的一个电报项目兴趣多多。他将自己能够动用的绝大部分的银行资金放款给自己相中的项目，期待丰收的时刻。

可惜维克多·克雷梭的好运气已经到头了，他经手的这些放款无一成功，每一笔都成了收不回来的呆账、坏账。股东们入股汇丰银行是为了让钱生钱，而不是给总经理拿来乱投资的。面对维克多·克雷梭接二连三的投资失误，忍无可忍的汇丰银行董事会希望维克多·克雷梭引咎辞职。就这样，汇丰银行的第一任总经理在1870年黯然离开。

"屋漏偏遭连夜雨" ——新任经理无力回天

这一年，席正甫已经在上海的汇丰银行做了四年的跑街，对这个职业有了更多的了解和感悟。每天辅佐王槐山做事，在洋人和中国商人之间周旋，他的眼界逐渐开阔了。可是即便如此，遥远的香港总行发生了什么事还是与他无关。"维克多·克雷梭被辞职了？我要不要竞争一下总经理的职位？"这是上海分行的大班麦克利考虑的问题，不是买办间的小跑街应该谈论的话题。麦克利与席正甫的差距不是看问题的角度不同，而是所站的高度不同。

"铁打的营盘流水的兵"，把这句话放到汇丰银行身上就换成了"铁打的汇丰流水的经理"。维克多·克雷梭走后，董事会本来是中意上海分行的大班麦克利来接任总经理一职的。可在升职这件事上，麦克利与他的搭档王槐山比较相似，都不是工作狂，对上升一步不感兴趣。他不喜欢香港的气候，没有赴任。于是，一名叫詹姆斯·格雷格的年轻人来了，他成为汇丰银行历史上最年轻的总经理。

詹姆斯·格雷格与维克多·克雷梭的相似之处是刚刚上任的两三年都比较幸运，汇丰的营业额逐年递增。可是到了1873年，汇丰银行与上海一起经历了又一次大规模的经济危机。从全球范围来看，这次经济危机不只波及了上海和汇丰银行，这是一场波及了几乎所有西方主要资本主义国家的经济危机，专家们甚至不惜动用了"旷日持久"这个词来形容这次危机持续的时间。虽说自1825年开始，资本主义社会的经济危机已经见怪不怪，每隔一段时间就会爆发一次。但是就其时间之长、规模之大来说，的确是工业革命以来经历过的"最大的一次"。法国的股票市场和美国的纽约市国家银行有大量充分的数据可以证明1873年汹涌来袭的经济危机足足延续到了1896年，长达23年之久。

虽然法国和美国距离上海很遥远，但是在世界经济哀鸿遍野的情况下，中国经济也受到了严重的冲击。据相关资料显示，1871年到1873年这两年中，中国的出口额是1.1亿元，这笔资金额度远远超过了清政府全年的财政收入。那么中国的物品出口到哪里或者说与中国做贸易最多的国家和地区又是谁呢？答案是英国和香港地区。英国再一次面临长时间的经济大萧条，对整个中国可能影响不是很大，但是对中国对外贸易的窗口——上海的打击有多大，不难想象。没有人能够预知，席正甫将恰恰出现在一个支点上，一个能够撬动汇丰银行命运的支点。

　　1873年，英国驻广州的总领事在一份报告中这样写道："任何从事对华贸易的人，在他们的记忆里，还没有遇到过像最近12个月内在中国和英国这样的不景气。整个市场陷入停滞，像战争一样给对外贸易带来灾难，甚至比灾难还要厉害一些。"[①] 在经济"集体不景气"的大背景下，汇丰银行迎来了建行之后第一次真正的低谷。汇丰银行从1865年成立之初磕磕绊绊地行走了将近十年的旅程，才来到了1874年。期间也有过小小的磨难，但整体来说都是向着健康的方向行进的。这一次不同，汇丰遇上了大麻烦。1874年，汇丰银行的股票由一路看涨忽然跌破发行价，出乎股东们的意料。更惨的是，股东们不但没有见到年终分红，反而贡献出了多年积攒下来的100万元的风险准备金。

　　此时，汇丰银行正在进行的各种投资当中，有相当一部

---

① 刘诗平.汇丰帝国：全球顶级金融机构的百年传奇[M].北京：中信出版社，2010：第205页.

分是投机活动，无形的风险对于危机中的银行来说无疑是雪上加霜。前面提到维多克·克雷梭时代曾经有过几次错误的投资，几乎使汇丰银行陷入困境。从维多克·克雷梭离开到詹姆斯·格雷格上任的短短几年，这种后遗症是无法完全消除的。经济危机来临之前，绝大多数人都没无法预料，一旦降临的时候，就如排山倒海一般，想要完全恢复生机则如剥茧抽丝一般缓慢。中国有句俗语"病来如山倒，病去如抽丝"，说的就是这个意思。

1874年8月，汇丰银行的一份股东大会的书面报告显示，由于多种原因的投资失误，银行损失极为严重。报告是这样写的："由于日本银元便宜，汇丰年初收进了大批银元，期望在五六月间抛出而捞上一大笔，但是日本政府发行大量纸币，使得汇丰梦想破灭——在汇付以高汇率收进的汇票时，亏损巨大——伦敦分行的经理瓦切尔没有得到总行允许，背地里从事西班牙公债和南美铁路的投机买卖，致使汇丰银行损失惨重。"总之，1874年的汇丰银行称得上"屋漏偏遭连夜雨"，亟待一份成功来冲淡多次失败造成的惨淡愁云。

第四节　席正甫的惊天大手笔

　　汇丰银行面临低谷，谁将会成为汇丰银行的救世主呢？恐怕是传说中的"侠盗罗宾汉"[①]也没有这种挽狂澜于既倒的超能力吧？让这群骄傲的英格兰人没想到的是，给汇丰银行带来转机和好运的人竟然是一位中国人，一位还没有正式成为买办的中国人，还没有被银行高层关注过的跑街，他叫席正甫。是他走出来，用极大的智慧和魄力签了一份合同，拉近了汇丰银行和清政府的关系。这之后的十年时间，整个晚清政府的盐税都会跑进汇丰的账户里。

---

　　① 侠盗罗宾汉，英国民间传说中的一个英雄人物，相传他活跃在1160年至1247年，人称汉丁顿伯爵。他武艺出众、机智勇敢、仇视官吏和教士，是一位劫富济贫、行侠仗义的绿林英雄。

福建海防借款

那是1874年，清政府在镇压天平天国运动之后国库空虚，眼看中法战争爆发在即，本来并不喜欢向外国人开口借钱的李鸿章实在想不出什么好办法，在奏请了慈禧太后以后，派自己的亲信天津海关道孙竹堂到上海筹款。李鸿章暗中知会孙竹堂，必要的时候，可以向风头正盛的英资汇丰银行借500万两银子。

这并不是清政府第一次向外借款。此前上海小刀会起义的时候，苏松太道兼江海关监督吴健彰就曾以"赊价"的名义向英商借款筹集资金来雇募舰船。那次借款的金额不大，合计为127728两白银，用江海关税作为担保，算是开创了中国向外借款的先例。由于涉及金额较少，并没有引起多少人的注意。这件事后来上报朝廷之后，被高层认可了。李鸿章作为慈禧太后最为倚重的能员干将，当然洞悉此事。

从那以后，江苏、广东、福建等沿海省份都仿效过吴健彰的方法，让朝廷头痛不已。如果不同意地方向外借款，朝廷实在拿不出银子来。如果同意，又怕更多的地方效尤，这样会有失国体，有损国格。就这样纠结、矛盾时，主持台湾海防的钦差大臣沈葆桢又提出了福建海防借款。

　　福建海防借款就是为了巩固东南海防，应对一触即发的中法战争。朝廷把这种头疼的事情交给了李鸿章，让他负责具体操作。李鸿章硬着头皮接下来之后，把这个任务辗转交给了孙竹堂。

　　孙竹堂大名叫孙士达，字竹堂，曾先后在曾国藩、荣禄、李鸿章等清朝重臣手下任职。能与这么多名人同台，可以说孙竹堂是中国历史上许多重大事件的亲身参与者并不为过。孙竹堂与普通官僚不同的地方在于他擅长外交和海防，这两项特长让他得到了李鸿章的赏识。除了担任过天津海关道之外，孙竹堂还曾到江南任职，在江苏常熟的天凝寺巷购置过一座占地十余亩的大宅第。另外，孙竹堂生财有道，官场退休之后，对额外"创收"项目也很感兴趣。他曾在常熟的东门大街一口气买下几十幢商铺专门出租，还在乡下买了万亩良田，专意做个富家翁。

　　这样一个善于经营的得力干将，李鸿章怎能不青眼相看呢？在李鸿章的门生故旧编纂的《李文忠公全书·朋僚函稿》中，就有表明李鸿章与孙竹堂的书信来往的信函——《复孙竹堂观察》。信函当中，李鸿章没有把孙竹堂当外人，向他阐述了自己的报国之志、救国之道，足见对其信任有加。

　　奉命到上海筹款，对于孙竹堂来说，既是一种莫大的信任，同时也是巨大的考验。因为他接到的指示是向汇丰银行借款500万两白银。这笔款项无论放在何时何地都是一个巨额数字，汇丰银行大班麦克利出于对买办王槐山的信任，令他负责接洽清政府派来的代表。

跑街席正甫被委以重任

此次谈判对于王槐山来说，成与不成还在其次，重要的是从未与朝廷打过交道的他心里没底。直接拒绝肯定不行，为此得罪了朝廷的话，自己以后怎么在国内立足？他拿不定主意。毕竟这次借款涉及的金额太大，时间太长，万一英国老板不同意，自己不是很没面子吗？再往后退一步，万一真要收不回来这笔贷款的话，自己就是倾家荡产也赔不起。忧心忡忡的王槐山因为此事，差点患上精神分裂症。

因此，王槐山派席正甫出马，他觉得自己没有亲自参与，即便出什么事的话，自己的责任也小一些。实则不然，身为大买办，王槐山所在的银行所有与中国之间的贸易都与他相关，不会因为是不是直接参与，所担的责任就大或小些。以上不过是王槐山的一个心理安慰罢了。

如果说借款给麦克利回英国的路费是王槐山生命的第一次转折，让他青云直上，从此走上了买办之路，那么"福建海防借款"对于王槐山来说，就是另一次转折了。只不过这一次的转折是急转直下。没能亲自促成这一借款大事，令他失去了汇丰银行买办的位子，紧接着失意的王槐山回到余姚老家养老，不到三年就因中风而去世了。

同样是这件福建海防借款，对于席正甫来说就大不一样了。他将这次谈判视为一次改变自己命运的机会。把握住了，就说明自己的想法是对的，以后坚持在这条路上走下去，一定能走出一条金光大道；败了也无所谓，只是有点对不起王槐山老先生。因为自己作为汇丰银行买办间的雇工，直接受雇于大买办，与汇丰银行的关系并不大。所以汇丰银行想要出气的话，也只能埋怨王槐山所托非理想人选，却不会过分责怪自己办事不利。

不过席正甫对于此次谈判还是很有信心的。他分析既然本次借款事宜是朝廷主动提出的，那就是说朝廷是有求于汇丰银行的，自己正好可以借此机会沟通好汇丰银行与朝廷的关系。他推断朝廷请汇丰银行到天津谈判的焦点不在于借不借款，而是想确定借款的期限和利率问题。想通了关键的一点，席正甫满怀信心，踏上了北上天津的旅程。他不知道，正是这一次谈判的成功奠定了自己日后取代王槐山、成为汇丰银行大买办的基础。

有人可能不太明白，为什么代表朝廷的一方把谈判地点设在了天津而非都城北京。那是因为天津是北洋重臣李鸿章的地盘，而此次"福建台防借款"背后的"主持人"就是李鸿章，所以到天津见面非常有必要。

奔赴天津谈判

到了天津之后，席正甫发现中法战争迫在眉睫了。一旦开战，清政府肯定需要购买大量的军火。可是朝廷没钱，购买军火的款项势必要向外国银行借款。也就是说，不管汇丰银行答不答应，朝廷都会向外商银行开口的。当时中国可不仅有汇丰银行一家外资银行，丽如银行、麦加利银行、法兰西银行等也极有可能是清廷为此次谈判准备好的"备胎"。一旦与汇丰银行谈不拢，他们必定会选择别家银行进行合作。这是最为重要的一点，也是席正甫将要面临的正式谈判的前提。既然如此，席正甫就决定把握好这次机会，既能让朝廷得到想要的借款，又能让汇丰银行赚上一笔，从此搭上政府这条线。

接下来，席正甫要做的就是与汇丰银行天津分行的职员们搞好关系。毕竟天津分行的人才是与孙竹堂最早接触的当事人，没有人比他们更了解清政府的真实意图了。一轮由浅入深的了解之后，席正甫对此事的眉目基本上已经了然于心了。

席正甫掌握了第一手材料，比照他在上海时对局势的分析，心中更添了几分胜算。

做完这一切准备活动之后，他才同天津分行的洋人大班一起面对孙竹堂，与对方进行了几次试探性质的接触。因为这笔借款牵扯到的款项过于巨大，一点的差错都不允许。汇丰银行和清政府作为谈判双方，谁都不肯轻易让步，不敢轻易承诺什么或者轻易接受对方提出的条件。席正甫从一开始就预料到，谈判的焦点在于利率。如果能够谈判成功，一定是借款利率符合了双方的心理预期。如果谈判失败，也必定是利率不合适，而非其他的原因。

谈判过程中，席正甫高超的谈判技巧、圆滑的交际手腕以及他开钱庄时积累的丰厚的人脉关系都得到了充分的展示，给李鸿章、孙竹堂留下了极为深刻的印象。他没有答应孙竹堂提出的500万两银子的全部要求，而是打了个折，同意借给对方200万两银子。200万两并不是漫天要价，就地还钱的随口一说，而是席正甫和汇丰银行的当家人商量之后，做出的比较科学的决定。因为他们推断对方提出500万两也是留有余地的，并非对这笔巨款势在必得。200万两算是居中，两方都好交代。清政府一方能借来上百万两的银子，自然没有异议，汇丰银行也比较满意这个相对保守一点的数额。

席正甫对清政府谈判代表的心理拿捏之准，让后世的金融学家们都感到震惊，感叹他真是天生的谈判专家。

最令汇丰银行方面兴奋的谈判亮点在于席正甫竟然让清政府答应以盐税作担保，还付出了年息8厘的高息，签订了长达十年的借款合同。要知道，当时汇丰银行并不是没有向外放过款，但是没有一次的利息能达到年息8厘之高，这个数字比同期外国银行在华放款的平均利率高出了30%。这也可以看出清政府确实国库空虚，走投无路，到了非外国银行借款无以度日的地步。

如果把席正甫极力促成的此次借款看作一次单纯的生意的话，汇丰银行确实从中赚了不少钱。至少十年时间的高利息有中国的盐税作担保是跑不掉的。事实上，福建海防借款的成功带给汇丰的好处远不止经济利益这么简单。它开创了汇丰银行与中国政府直接打交道的先河，成为汇丰银行来到中国的第一笔政治借款，其象征意义非同小可。通过此次合作，汇丰银行已凌驾于其他竞争对手之上，成为清政府今后合作的首选银行，让汇丰银行的影响力在中国扩大了数倍。据统计，1874年到1890年不到20年的时间里，清政府共借了26笔外债，金额高达四千多万两白银。其中仅汇丰银行一家就承担了两千八百多万两，超过了政府贷款总额的七成。

将自己所服务的银行从财政窘境中解脱出来，席正甫功不可没。没有他极力促成福建海防借款的话，也许汇丰银行的股东们还要等几年才能让腰包再次鼓起来。此外，席正甫在此次谈判之后名利双收。扬名官场和金融圈自不必说，单是从中赚得的回扣也足以让其他银行的买办们眼红不已。

席正甫华丽转身

汇丰银行能够咸鱼翻身，不是詹姆斯·格雷格的功劳，但因投资失误而陷入危险的境地却是由他造成的。于是在1876年，董事会集体决定辞退詹姆斯·格雷格，他成为汇丰银行成立十周年之际，第二个"被辞职"的银行总经理。同年，席正甫华丽转身，成为汇丰银行的首席买办。

颇有意思的是，当席正甫正在天津与清政府的官员们为借款成功而举杯同庆的时候，远在上海的王槐山却因为得知席正甫冒险代替银行签下这么一大笔的款项而惴惴不安。两个人的差距如此之大，就算麦克利有心维护王槐山也不能不有所表示了。很显然，年轻而头脑灵活的席正甫比思想保守的王槐山更加适应汇丰银行买办这份工作。虽然买办一职可以"世袭"，可是在守旧老爸的影响下，王槐山的几个儿子都不能担此大任，席正甫取代王槐山的职位任谁来看都是板上钉钉了。

马上就要"年老返乡"的王槐山除了思想比较守旧之外，也是"人老成精"的角色，对人情世故非常在行。当他得知汇丰银行是在象征性地派人征求自己意见的时候，顺势推荐了席正甫。就这样，席正甫因为向清政府借出巨款一事的惊天大手笔而一举成名，不久就顶替了王槐山成为汇丰银行的第二任买办，并在这个位置上一干就是30年。

席正甫为汇丰服务的30年时间中功劳无数，除了第一笔政治贷款经由他办理之外，他还凭借自己与清政府高官的私交，差点为汇丰银行争取到了垄断统买鸦片的业务。说"差点争取到"是指后来英国人内部意见不统一，而非在席正甫这一环掉了链子。

事情是这样的：1870年年末，海外向中国出口的鸦片数量激增，朝廷内部出现了意见分歧。有人认为多一事不如少一事，还是一切照旧，交由市场自行其是即可。有人却提出了不同的看法，认为所有进入中国的鸦片应该由政府出面统一管理。

鸦片贸易毕竟上不得台面，政府就算再腐败也不能允许这个建议。但是因为提建议的人涉及天津海关税务司的德国人德璀琳，政府还不能等闲置之。没办法，清末的洋人在中国地位崇高，朝廷大员们商议一番之后，决定顺水推舟，将统一收买鸦片的事务转交给有实力的外资银行来承办。

以当时清政府的财政情况来看，就算它允许这种做法，也没有这样的实力。清政府国库空虚不是一天两天了，这个事在外资银行那里压根儿就不是秘密。汇丰银行打听到这件事情之后就认定了中国统买鸦片的差事利润极大，最好自己垄断下来，不让别的外资银行插手。

想要办成这件事，少不了买办席正甫的周旋。1881年12月10日，汇丰大班鲍韦士向李鸿章递交了一篇名为"揽办洋烟垫付银款"的申请，呈文中保证中国在印度所购的洋烟大可交由汇丰全权垫付。当然了，赔本的买卖汇丰是不做的，利息七厘是汇丰垫款的附加条件。此事没有成交不是因为李鸿章不答应，而是英国国内有人反对而作罢。但是如果没有席正甫的关系，李鸿章大可不必理会这篇呈文。

正因为席正甫对汇丰银行有着无可替代的作用，当19世纪80年代某一任银行大班与席正甫发生冲突时，席正甫竟然拿辞职来威胁对方。汇丰总行权衡利弊之后，认定在中国物色一个称职的买办比在英国招聘一个称职的大班困难得多，因此总行极力挽留席正甫。为了表示诚意，还毫不客气地撤换了与席正甫意见不合的大班。有了这份底气，席正甫不但自己在汇丰做得风生水起，还能把自己的儿孙都拉到汇丰来做买办，祖孙三代为同一家银行服务了55年。

席正甫与王槐山的故事在两个人的身份发生转变之后并没有马上结束，两任汇丰银行买办之间的恩怨纠葛一直延续到了20世纪30年代。这个时候，王槐山早已过世半个世纪之久，就连年轻一点的席正甫也已经去世了20多年。会有什么事情再次牵扯到两个人呢？

那是1929年，王槐山的老婆去世了。王家后人在整理王槐山亡妻的遗物时，发现了一张特殊的"合同"。说是合同，其实看作借据更为合适。白纸黑字上有王槐山和席正甫两个人的签名，言明1874年某月某日，王槐山曾向席正甫借出两万两白银。不过合同上没写明席正甫应该何时归还这笔银两，而是说席正甫当上买办之后，会定期给王槐山分派红利。可惜王槐山把买办的位子传给席正甫之后就回了老家，三年之后一命呜呼，根本没等到席正甫履行合同的时候。

有人说，席正甫自己也算富甲一方了，用得着向别人借钱吗？这份合同是确有其事还是王槐山的后人杜撰的？根据合同上标注的时间，看来这份合同的真实性八九不离十。因为当时席正甫入主汇丰银行做大买办，需要交纳一定数额的保证金。可席正甫当时刚由跑街升任买办，还没有那么多的积蓄，向身家丰厚的老上司借钱非常有可能。王槐山一直很欣赏席正甫的能力，认为他肯定能将买办一职发扬光大。恰好当时又流行买办的担保人可以抽成，即席正甫的买办佣金当中，至少有一两成可以归担保人所有，王槐山答应借款也极有可能。不过时过境迁，在两个当事人都过世多年之后再翻出这么一张借据，就不好说了。

王家人拜托上海滩的闻人虞洽卿来调解此事，希望席家后人看在虞洽卿的面子上，代替席正甫归还这两万两白银。平心而论，"子偿父债"天经地义，席家人不该无视这张借据的存在。可当时席正甫的孙子席德懋正在担任国民政府中央银行业务局的局长，与宋子文家族关系紧密，王家人本来就谨小慎微，哪怕借据在手也不敢上门讨债。结果，这笔借款也就不了了之。不知道席正甫若在天有灵，会不会原谅儿孙们的这次"赖账"行为呢？

本章主要参考资料

［1］徐矛，姜天鹰.中国十买办——席正甫［M］.上海：上海人民出版社，1996.

［2］金理祥.上海汇丰银行第一任买办——王槐山［J］.上海金融，1993（11）.

［3］徐颖.从买办到民族资本家、中国早期工业化中的唐廷枢［D］.郑州：郑州大学，2005.

［4］资本交易编辑部.上海外滩建筑群——汇丰银行大

楼［J］.资本交易，2013（9）.

　　［5］王唯铭.与邬达克同时代——上海百年租界建筑解读［M］.上海：上海人民出版社，2013.

　　［6］刘海平.汇丰帝国：全球顶级金融机构的万平传奇［M］.北京：中信出版社，2010.

第三章

深谙"官商合作"之道的 汇丰大买办

红顶带、黄马褂——席正甫因为积极促成清廷与汇丰银行的贷款协议，逐步晋身为"官商"。席家的祖训是"经商求贵""读书求富"，做了买办的席正甫却将"富""贵"结合起来，把这两个字做到了极致，足以令始祖席温含笑九泉。李鸿章、左宗棠、盛宣怀、胡雪岩一个个显赫的人物不约而同地对席正甫这个买办高看一眼。

第一节　政界大佬的座上宾（一）

晚清时期，中国还处于封建社会，在老百姓心目中，只有出仕为官才是最能光耀门楣的，而经商的人哪怕致富了也往往被人瞧不起，更何况没有干实业的买办呢。于是，为了提高自己的社会地位，也为了提升自己的"外交"形象，"捐官"就成了清末买办们最为时髦的行为。

怡和洋行的唐廷枢就有"福建道"的虚衔，宝顺洋行的买办徐润更是四次捐官，官职四品。就连中国近代第一位"海归"，留学美国耶鲁大学的容闳先生也经历过从洋行买办到清廷官员的"华丽变身"。容闳曾经委身于琼记洋行、宝顺洋行，因其外语出色，对西方社会接触、了解得比较多而受到曾国藩、李鸿章的赏识，成为洋务派大员们极力网罗的头号人才。1863年，他被授予江苏候补同知①的五品实官。尽管容闳的官衔不太耀眼，但他的薪水据说比当时的四品候补道②还要高出一截。

不过买办们得到的这些所谓的官衔四品、五品都是徒有其名，没有什么实际的权限。"捐官"就是花银子、买面子的事，没有人把买来的官衔当真。尤其是买办们个个精明了得，他们才不会闲极无聊，跑到衙门去做那些指手画脚、发号施令的蠢事。他们花钱就是为了脸面光彩、为了有个政治地位。

除了买官、捐官这样拿钱财向当权者示好的行为之外，混得比较好的买办们往往还能主动协助或参与到清政府的商业建设当中，为自己寻找多个稳固的政治靠山。

当年席正甫促成了福建海防借款之后，也顺应潮流，在李鸿章的保授之下，接受了清廷给予的二品顶戴、黄马褂的赏赐，成为人人羡慕的"红顶买办"。大清朝的二品官已经是个人捐官的最高级别了，席正甫算是给买办们挣足了面子。

---

① 同知，明清时期官职名，是指知府的副职，正五品，因事而设，每府设一二人，无定员。

② 候补道，清代官职名，高级官员丁忧（父母去世后守制）后再请职者，正常任用，提升任用为道员职务时会作为候补道。在边疆任职者也会得以提升为候补道。

至此，席正甫这个来自苏州洞庭的商人，在汇丰银行的买办间里，最终成为上海滩最炙手可热的中国人。他不但是汇丰银行的"摇钱树"，还是晚清官场中众多风云人物的座上宾。

李鸿章和左宗棠的恩怨

在19世纪末的晚清政府中，权势滔天的大佬不是曾经骄横跋扈的八旗老爷们，而是两位汉臣——合肥李鸿章与湘阴左宗棠。两位大人物分别掌控了满清政府的海防和边防，在朝廷的权威几乎无人能够挑战。

偏偏李鸿章和左宗棠并不是一条战线上的盟友，两个人之间有太多不可调和的矛盾，也许这就是所有同时代的顶尖人才不可避免的"既生瑜，何生亮"的悲剧。19世纪六七十年代，清政府面临严重的边疆危机。西北边塞告急、东南沿海也告急，与此同时国库已经一贫如洗。李鸿章代表"海防派"主张放弃新疆，以海军为重；左宗棠则坚持边疆不可废，政府所有的"饷筹"应该优先保证对新疆的支援。所以，李、左二人的较量既关乎个人面子，又关乎国家利益，其水火不相容的态势天下皆知。

这里我们先了解一下李鸿章、左宗棠和曾国藩之间的纠葛旧事，看看李鸿章和左宗棠之间到底有什么样的深仇大恨。很多人可能不知道，李鸿章和左宗棠虽然不和，但有一个无法否认的共同点就是都出自曾国藩的门下。

李鸿章比曾国藩小十二岁，因其父与曾国藩是同年，自己进京赶考的时候又拜在曾国藩门下学习，所以终其一生都以晚辈自居，对曾国藩行子侄之礼。曾国藩也不客气，一直拿李鸿章当作后生晚辈看待，对其期望值很高，同时要求很严。

左宗棠的情况不同，他只比曾国藩小一岁，但由于早期科举不顺，一怒之下放弃科举，人到中年还不能在政治上一展抱负。尽管没有一官半职在身，但左宗棠才名远播，光芒照人，如同袋中的锥子，想藏都掩藏不住。一些擅长"长线投资"的地方大员们认为左宗棠是一支"潜力股"，总有一天会飞黄腾达，便刻意在他低谷的时候着意结交，比如两江总督陶澍、湖南巡抚张亮基、骆秉章（张亮基的继任者）等人。

因为有了这些封疆大吏的捧场，左宗棠对自己的人生定位有些模糊，不敢轻言自己的前半生到底是成功还是失败。尤其是骆秉章对左宗棠信任有加，简直到了言听计从的地步，这让左宗棠时常产生一种自己已然功成名就的错觉。不过后来他还是意识到，做别人的影子不如自己站到一线更有成就感，于是经人介绍之后，才不大情愿地委身于曾国藩的幕府，做了一名出谋划策的谋士。

还好，曾国藩有识人之明，及时推荐左宗棠出仕，为大清国培养了一代中兴名臣，同样也为自己培养了一个超级对手。左宗棠自立门户，在大清国的政坛上站稳脚跟的时候，立即与曾国藩划清了界限，表明自己的政治追求与曾公并不一致。

左宗棠既然敢公然与曾国藩叫板，自然不会对曾国藩的门生客气，他和李鸿章之间的矛盾一直存在。两个人同为大清的肱骨之臣，同时被慈禧太后所倚重，同是洋务派的代表人物，按说应该亲如兄弟才对。可实际情况却是曾国藩在世时，两个人还能维持表面上的和平共处；曾国藩去世后，李左之间剑拔弩张的气氛更加紧张。1872年，曾国藩去世。1874年，李左二人分别成为清末朝堂之上的两大派系领袖。

左宗棠除了会读圣贤书之外，还有卓越的军事才能，他看不起李鸿章，认为老李不会打仗，一味求和是对洋人的软弱，有辱国风。他甚至很刻薄地讥讽李鸿章的"主和"态度，说什么"十个法国将军，也比不上一个李鸿章坏事"①。李鸿章也不客气，马上回敬过来，拿左宗棠的软肋

---

① 罗文兴.被误读的中国历史[M].北京：中国档案出版社，2007：第130页.

说事，称呼左宗棠是"破天荒相公"，暗讽左大人连科举考试都没通过，没有正儿八经的"文凭"却做了大清的军机大臣，实在蹊跷。

席正甫获李鸿章赏识

有趣的是，李鸿章与左宗棠在派系纷争上、国策制定上都是矛盾重重，唯独在对待席正甫的态度上却是惊人的一致——两个人都不惜屈尊降贵，极力拉拢这位代表外国银行资本的大红人。那么，到底是席正甫本人还是他的买办身份产生了如此巨大的吸引力呢？

从后来一系列由席正甫促成的巨额借款事件来看，汇丰银行买办的身份是他引起李、左注意的先决条件，而他本人为人处世的手段也是不可或缺的。设想一下，没有席正甫的汇丰银行，也许经过多年的发展之后，依然能在众多的外资银行中脱颖而出，但其扩张的步伐一定会有所减慢；而长袖善舞的席正甫如果加入了其他的外资银行做买办，很有可能会成就另一家享誉中国的银行。

谈妥天津贷款之后，席正甫就引起了李鸿章的好感。要知道，李鸿章早期是很不赞同向外国人借款的，他认为那样做有失国体。可是随着国库的日益空虚，李鸿章再是"巧妇"，也"难为无米之炊"了。换句话说，再筹不到银子，他的"乌纱帽"就难保了。迫于无奈的李鸿章只好开始转变思路，逐渐成为向外资银行借款的积极倡导者。

尽管大清腐败、国库空虚，但不妨碍当时社会确实产生了一批善于创造、积累财富的高手。各大洋行的买办是一个群体，江浙籍的富商也是朝廷大员们极为重视的一批"财神爷"。李鸿章格外看重席正甫的原因是当意识到借款重要的时候，江浙籍的有钱人早就被左宗棠捷足先登，拉拢过去了，他只能把眼光盯在新开埠的上海滩，盯在那里的大买办身上。

曾经，李鸿章只能仰仗少数几个买办帮他筹款，一年也能筹集数百万两银子。可是当好大清国的家谈何容易，战争多不说，洋务运动这样的社会改良也处处需要银子。不管是开办现代化企业、开办新式学堂还是购置机器，造船造炮都离不开大笔的、连续不断的资金输入。仅仅指望吴煦、杨坊等少数几个有洋行买办背景的官僚显然是不行了。

说起来，曾经被李鸿章深深倚重的吴煦和杨坊也都不是等闲之辈，这两位都比李鸿章年长，与李鸿章之间并非单纯的经济金主和政治靠山的关系，而是有着无比复杂的恩怨纠葛。

吴煦是浙江钱塘人，生于1809年。他曾跟随父、兄出入钱塘、乌程（今浙江湖州市）等二十多个府厅衙门口，对衙门办案、理漕、诉讼、上下结交那一套官场内幕非常清楚。到了道光二十五年（1845年），也就是吴煦三十多岁的时候，他捐了个知县，进入了官场。吴煦还真是当官的料，能力、品性怎么样咱们姑且不论，他的官运却一直不错，步步高升。先是江苏的一个试用知县，而后攒钱又捐了知州。到太平军起义的那一年，吴煦已经升任松江府的海防同知了，镇压当地棚民起义就成了他再次高升的垫脚石。镇压完小刀会，吴煦以海防同知的身份留在了富庶的上海办理起"善后事宜"，与上海的英法领事开始了你来我往的外交"勾兑"。

而后吴煦的仕途就依赖于与洋人的密切接触，并且经历了数次有惊无险的考验。咸丰十年（公元1860年），吴煦联合同乡苏松粮道① 杨坊雇佣了美国人华尔组织了赫赫有名的洋枪队。关于华尔的身份，有人说他是流氓，也有人称他为来自美国的"冒险家"，不管怎么叫，反正看在金钱的面子上，华尔这个洋枪队的队长暂时成为两个中国人保持财运亨通、官运亨通的一把"枪"。

吴煦和杨坊后来得罪李鸿章，又不得不依赖李鸿章，与

---

① 苏松粮道，清朝官员职务名称，最初管辖苏州、松江、常州、镇江等府及太仓州的粮务，后实际负责江苏全省粮务。

他们手中掌握的洋枪队有着直接的关系。洋枪队招募的士兵基本上以洋人为主，武器先进、军饷优厚，在协助政府镇压农民起义方面立下了不少功劳，故吴煦和杨坊的实力大增。可是在清政府眼中，这支洋人为主的军队忠诚度并不可信，尤其是他们从最初的百余人扩充到几千人之后，庞大的军费开支让曾国藩等朝廷大佬颇感吃不消。吴煦和杨坊首当其冲，成为政府治罪的目标。

李鸿章时任江苏巡抚，是两个人的顶头上司。他害怕处置吴煦、杨坊会波及自己，主动上奏请求朝廷查办二人，还献计说这两个人近年来在洋枪队上捞了不少好处，建议添置军火的银子由吴杨二人"自行赔补"。

事后李鸿章也意识到自己有些绝情，转而为吴煦、杨坊两人求情，给了吴煦一个较为体面的台阶下。为了照顾吴煦等经济损失，李鸿章还准许吴煦在上海开设军需报销局和饷票奖局，以"弥补经办军需亏欠"。可惜受过一次打击的吴煦实在提不起兴趣，辞去了这份美差。辞职没多久，他就在郁郁寡欢中病死了。杨坊还没有吴煦的运气好，比吴煦早死了好几年，死因倒是差不多，也是郁郁而终。

杨坊和吴煦先后去世，让李鸿章在经济上愈发孤立无援。无奈之下，他把目光放到了财大气粗的汇丰银行身上，而席正甫恰恰就是李鸿章与汇丰银行之间最好的中间人。席正甫很聪明，他看到了吴煦和杨坊的前车之鉴，对李鸿章的拉拢没有沾沾自喜，不得意、不张狂，反倒让李鸿章另眼相看。后期李鸿章和左宗棠都觉得单给席正甫虚衔有点过意不去，两个人都很热切地劝他到北京当官，保证一定能给他授个实权。可是席正甫坚决不去。

第二节　政界大佬的座上宾（二）

席家的祖训就是在"读书求贵"和"经商求富"两条路上做选择。那么席正甫无论答应与否，都不算违背祖宗的教诲。根据席正甫后人的解释，说席正甫是不喜欢官场上磕头作揖那一套繁文缛节才拒绝出仕为官的。

实际情况未必如此。席正甫经常与清朝政府官员打交道，这些"大公务员"能有多少"油水"他知道得一清二楚。所以，席正甫不出仕最大的可能是做惯了买办、见多了世面，对辛苦做官捞的这点银子还看不上眼。

因此，席正甫觉得清政府的官员们眼下最畏惧、最着急巴结的不是洋人和洋行吗？自己只做买办的话，就是官员们争相结交的对象，哪里用得着去做官，反过来降低姿态巴结自己曾经的同行？

席正甫的高明之处在于他可以拒绝高官的诱惑，但他不会故作清高，不刻意与高官的圈子保持距离。相反，席正甫正因为身在局外，反倒更能利用自己自由人的身份，与大清的官僚们保持着密切的交往。他与李鸿章关系匪浅，与左宗棠的相处也羡煞旁人。

席正甫鼎力相助左宗棠

左宗棠对席正甫高看一眼，同样是出于感谢对方帮他促成了数次"西征"筹款的情分。身为陕甘总督的左宗棠，每到上海都会拜会两个人。其中一个是他的"财政大臣"兼"后勤部长"胡雪岩，另一个人就是汇丰银行的买办席正甫。左宗棠与胡雪岩的关系密切不是秘密，走动频繁不算惊奇。那么席正甫到底做了什么能让左宗棠如此折节下交，不但多次保举他入朝为官，还时常关心席家的家事呢？就两人多年的交往来看，席正甫作为汇丰银行首席买办的身份只是其一，他洞明世事的本事也到了非常高明的境界。

19世纪晚期，汇丰银行在英方管理团队的运作之下，逐步控制了整个上海滩乃至全中国的银根变动。席正甫适逢其会当上了汇丰银行的大买办，正好拥有汇丰银行上海分行的贷款签字权，这就让所有对汇丰银行有利益需求的人都把席正甫当作上宾看待。正是因为席正甫对上海的金融界无与伦比的影响力，连"中国商人偶像"胡雪岩也要拉拢席正甫。

胡雪岩能够成功，大家普遍认为是他找对了官场靠山。因为有了左宗棠这样的重量级权臣站在背后，为他的商道保驾护航，胡雪岩才有大把的机会将自己的经商才能发挥到极致。左宗棠那么精明，既然能够扶持胡雪岩，当然也不会放过与席正甫这个"财神爷"结交的机会。

左宗棠的一生功绩与新疆平叛紧紧连在一起。由于新疆独特的地理位置，英、俄两国都对其虎视眈眈，企图通过控制新疆达到掌握中亚的目的。1864年，在英、俄的分别支持下，新疆发生了内讧，分裂为南疆和北疆。

"男儿何不带吴钩，收取关山五十州"。自幼苦读圣贤书的左宗棠愤怒的同时也隐隐有一丝期待，希望西征成全自己对建功立业的渴望。在他的不断坚持下，朝廷在兼顾海防的同时，也开始支持边防建设。为了收复新疆，左宗棠仿效古人抬棺出征，说他爱国也好、作秀也好，最后的结果是左宗棠取得了胜利。

西征平叛胜利几乎是左宗棠政治履历上最为光彩的一笔，其中六次西征借款的作用不言而喻。如果没有雄厚的经济实力做后盾，那么打胜仗几乎就是空谈。其实，左宗棠西征借款中，前三次的借款对象并非汇丰银行，而是老牌的怡和洋行以及丽如银行等机构；但是托马斯·杰克逊上位、席正甫成为汇丰银行的买办之后，后三次贷款都是席正甫一手经办，总额达到了1075万两白银。

1866年，左宗棠调任陕甘总督。1873年，也就是在左宗棠上任后的第七个年头，他向同治皇帝提交了一份奏折，回忆自己自上任以来，总是因为军费不足而屡陷窘境。左宗棠在奏折中写到："起初一年尚拨两月满饷。嗣后一年拨一月满饷，至今一月满饷尚无可发，军心不问可知。"[①] 既然政府不能及时发饷，补充军费，他只有自己想办法了。什么办法，一个字——"借"！

1876年，当左宗棠计划第四次西征借款的时候，当时正赶上中英"马嘉理事件"交涉时期。英国方面宣称在案件没有结案之前，不准英国商人借一分钱给中国政府。"马嘉理事件"是当时影响比较大的一个外交事件，发生于1874年2月21日。起因是英、法等国在打开中国沿海、沿江的门户之后，还想通过云南等内陆地区打开一扇"后门"，于是不断地派出小股队伍试图从缅甸、越南等边境地区探测一条进入中国云南的通路。

---

① 任念文.左宗棠西征军费与晚清西北边疆治理实力[J].探索与争鸣，2007（6）.

　　1874年，英国当局再次派出了一个二百人的小分队探路，而他们的驻华公使就派出了一个叫马嘉理的翻译南下迎接。谁也没有预料到，这个原本名不见经传的翻译，竟然成为挑起两个国家之间战争的导火索。当马嘉理与英军的北上小分队汇合之后，来到云南腾越境内。不知道出于什么原因，马嘉理做向导的小分队与当地少数民族发生了冲突。冲突过程中，身为翻译的马嘉理被当地人打死了，这就酿成了"马嘉理事件"或者叫"滇案"。这件事给了英方对付中国的借口，马上被升级为重大外交事件。英方开始向中方施加压力，而不允许本国商人和银行借款给中国也是压力当中必要的一环。

　　本来已经中意汇丰银行的左宗棠不得已之下，转而寻求其他国家银行的帮助。德国、俄国、美国、日本等国收到消息之后马上开始私下活动，希望能与清政府建立借贷关系。但是汇丰银行却顶住了来自英国国内的压力，由总经理点头、席正甫出面联络，将500万两的贷款项目揽到自己的手中。

　　两年之后，西征款再次告急，左宗棠不想再假手外资银行，他让自己的"财政部长"胡雪岩与江浙华商们商议，看看能否借到300万两白银。可惜华商们不太给力，最终只凑得了175万两白银。汇丰银行得知，马上主动提出借给左宗棠同样数额的款项。所以左宗棠的第五次西征款中，汇丰银行占了半个债主的位置。到了1881年，左宗棠干脆不绕任何弯子，直接向汇丰银行提出了借款400万两白银的申请，汇丰银行也没让左宗棠失望，欣然同意。

汇丰银行承揽的三次西征借款的利息都远高于市面上其他银行的利息。几次贷款下来，不但汇丰银行获利极大，而且席正甫、胡雪岩等经手人也因为这总额1000多万两的借款而赚了不少。对照当时国际通用的借款利率（年息3%），我们发现左宗棠、胡雪岩他们向汇丰银行借款的利率高出很多，最高的一笔甚至达到当时基准利率的六倍之多（18%）。汇丰银行收取的贷款利率也很不客气，基本上按8%来操作的。

我们以1876年第四次借款为例，简单介绍一下西征借款的情况。胡雪岩作为左宗棠的"钱袋子"，视筹款为己任，"任劳任怨"与"中饱私囊"并行不悖地进行着。虽然他替左公办事，代表的是清政府，可向汇丰银行借款却是以私人名义进行、以各省的协饷做担保的。这一次的500万两白银借款就约定了7年的还款期限，每半年还一次，每次还款数额不等。

尽管有李鸿章主持的福建海防借款才是汇丰银行与清政府之间的第一笔政治贷款，但是左宗棠奉命西征新疆、平定阿古柏之乱① 所借的外债才是汇丰银行对清政府产生更大影响力的开端。

当时，上海道台袁树勋还与席正甫换了生辰名帖，结为异姓兄弟。袁树勋结交席正甫有利用他这个汇丰银行"财神爷"身份的意思，但是有了袁树勋这层关系，席正甫乃至汇丰银行在上海的日子也更加好过了。"官商合作"的好处莫过于此。

席正甫的又一政界朋友——沈葆桢

另一位晚清名臣沈葆桢与席正甫之间也过往甚密。沈葆桢是林则徐的女婿，曾任两江总督、南洋大臣等要职，毕生精力都放在了东南沿海一代，最主要的成就是主持福建船政局、创办南洋海军、建设台湾等。最初席正甫凭借福建海防借款在汇丰银行脱颖而出的机会就是沈葆桢提供的。

沈与席之间应该算是不打不相识的关系。据说，起初沈葆桢并不知道借款艰难，曾经有使用武力迫使席正甫借款的想法。后来知道上海地方官袁树勋与席正甫是拜把子的兄弟，才打消了这个不明智的念头。之后，沈葆桢也学习李鸿

---

① 阿古柏之乱，穆罕默德·雅霍甫，汉名阿古柏，生于塔什干附近的一个村子，1865—1877年率军入侵中国新疆，史称"阿古柏之乱"。

章、左宗棠的战略，刻意与席正甫这样的银行大买办结交，在经济方面果然收益颇丰。

值得一提的是，沈葆桢的孙子沈昆山在若干年后也放下了世家子弟的架子，"屈尊"做了英美烟草公司的买办。"官二代"、"官三代"们出任买办的时间集中在20世纪初，他们的优势在于便于协助所在的外国公司收集官场政治情报，得到的好处自然是优厚的薪水和佣金。英美烟草公司在聘任了沈昆山之后生意发展很快，曾得意地宣扬"比以前任何时候都更接近中国当权者"。

第三节　盛宣怀的"死党好友"

晚清最为知名的"四大买办"通常指的是席正甫这个江苏人和唐廷枢、徐润、郑观应三个广东人的组合，并不包括与官方走得太近的盛宣怀和胡雪岩二人。可是提到晚清的商界，盛宣怀又是无论如何都绕不开的一个名字。尤其是这两个人亦官亦商的身份、与李鸿章和左宗棠两位重臣亲密合作的盟友身份无法不引起大家的关注。

李鸿章和左宗棠势若水火，盛宣怀和胡雪岩哪怕出于"各为其主"的考虑也不可能成为知交，但是这两位顶级官商也有一个共同的朋友，那就是汇丰银行的席正甫。

此处的"朋友"与我们普通人眼中的"朋友"的意义不尽相同。到了席正甫、盛宣怀、胡雪岩他们那个层次，维系他们之间密切关系的更多的是出于自身利益和自身所代表的幕后利益的考虑，这些看起来很世俗的牵绊反倒比单纯的个人感情更加牢固和长久。

盛宣怀与席正甫一样也是江苏人，他来自江苏南部的常州市，与席正甫的老家苏州东山相距并不算远。对于中国近代商业来说，盛宣怀是无论如何都不能忽略的角色。他在近代商帮的历史上举足轻重，在近代中国的历史上却是争议极大，毁誉参半。

有人夸他是"中国商父""中国实业之父"，有人骂他贪污腐败、卖国求荣。盛宣怀到底做了些什么事，竟然得到如此迥异的评价？

他在世时，最为人熟知的身份是李鸿章的经济幕僚，最显赫的身份则是清政府的邮传部尚书[①]，绝对是位高官。盛宣怀李鸿章的关系，甚至比胡雪岩与左宗棠的关系还要密切。左、胡二人更多的是经济上的往来，而李、盛二人还牵扯到了政治上的同盟。

盛宣怀出生于1844年，秀才出身。据说盛宣怀年少时非常聪明，家族很重视对他的教育，一直都在为他的科举考试做准备。可是自从1866年中过秀才之后，盛宣怀的科举之路一直不顺。1876年，32岁的盛宣怀最后一搏仍然没有通过举

---

① 邮传部尚书，邮传部是指清政府于1906年11月6日设立的中央机构，总管邮政、船支、铁路、电政事务。邮传部尚书则为该部主官。

人的考试，于是他放弃了通过科举踏入仕途的道路，转而寻求其他能够助自己出人头地的捷径。

他认识了先后为曾国藩和李鸿章担任幕僚的无锡人杨宗濂，通过此人的引荐，盛宣怀逐渐得到了李鸿章的赏识。1870年，盛宣怀正式被李鸿章纳入麾下，成为李鸿章私人班底的一名幕僚。在李鸿章手下，盛宣怀迅速显示了他的经济头脑，担任了李鸿章所有经济事务的代理人角色，直到1895年甲午中日战争结束。

我们所熟悉的"红顶巨富"胡雪岩因"囤丝大战"而遭遇人生的滑铁卢，就是拜盛宣怀所赐；大买办唐廷枢和徐润因挪用巨款炒股亏空而落到被轮船招商局扫地出门，也是盛宣怀的手笔。这位比席正甫还要年轻六岁的江苏人简直就是晚清顶级经济人才的"终结者"。

不夸张地说，是盛宣怀开启了中国洋务运动史上由幕僚商人主办朝廷洋务的时代，他是那个时代游走在旧派生意人、买办商人和官商之间的最为成功的一位。

晚清工业体系当中，有两个最知名的产业：一是轮船，二是邮电，两者都与盛宣怀有着千丝万缕的联系。甚至有人不知道轮船与邮电是清政府洋务派的主要成果，还以为两个产业都是盛宣怀的个人资产。

李鸿章这样的顶级高官并不是那么容易结交的，别看盛宣怀在1870年就进入李鸿章的班底，但是真正成为李鸿章的心腹还在5年以后。在并购美国旗昌洋行旗下的轮船公司过程中，盛宣怀的表现可圈可点，得到了李鸿章的高度肯定。1876年，他又协助怡和洋行的买办唐廷枢说服了已升任两江总督的沈葆桢，筹集到了100万两白银的官款，完成了晚清史上最大的一笔中资收购外资公司的计划，更是让李鸿章另眼相看。

后来电报局成立，李鸿章顺理成章地把盛宣怀推到了总负责人的位置上。在这里，盛宣怀显示了自己的商业天赋，不但迅速筹集到了资金、归还了来自朝廷的首期垫付款，还将电报局这个纯粹的官办企业"改组"成为官督商办的典范。他自己则兼任了官僚与商人的双重身份。在电报局期间，是盛宣怀与西方人频繁打交道的日子，这段时间让盛宣怀开阔了眼界，与一般的官商区别开来。

盛宣怀一路高升的时候，席正甫的买办之路也越走越宽。因为李鸿章要笼络席正甫，盛宣怀与席正甫的关系自然异常密切。据说凡是席正甫提出的要求，盛宣怀无不满足，就连席氏家族的许多亲友的工作问题也被盛宣怀一一安排妥当。有能力的进银行做买办，席正甫可以做主；剩下的能力不强的都进体制内做公务员，还不是盛宣怀一句话的事。

一件并不算广为人知的事实更是揭示了盛宣怀与席正甫非同寻常的交情。盛宣怀在打垮胡雪岩后，成立了中国第一家现代银行——中国通商银行，席正甫正是主要的幕后支持者。而盛宣怀的账单上，令人瞩目地存在着与席正甫相关的"汇丰银行英镑与银账"字样。1897年，中国通商银行宣告成立，它不但是中国人自办的第一家现代银行，同时也是在外资银行林立的上海最早开门营业的中资银行。宁波大商人叶澄衷、严信厚和朱葆三等人是中国通商银行名义上的大股东，但经营大权还是在代表官方立场的盛宣怀手中。

后来，当盛宣怀筹建大清户部银行的时候，又是席正甫出面，凭借自己多年以来在外资银行做买办的丰富经验，"深入指导"了银行的具体运作。1905年，大清户部银行成立于北京，是"中国银行"的前身。它与"商办"的中国通商银行不同，大清户部银行是中国最早的官方银行，其成立的目的就是"整顿币制、推行纸币，以济财政"。现代商场有"职业经理人"的叫法，席正甫就是一个十分称职的"职业经理人"。盛宣怀筹建银行，表面上没席正甫什么事，可在实际操作当中，席正甫却深度参与其中。

当时的清廷户部草拟了试办银行的三十二条章程，鉴于席正甫在外商银行做事多年，有丰富的银行从业经验，所以户部邀请了席正甫一同参与筹建户部银行。在这个过程中，席正甫又认识了不少负责筹建的官员，再加上席正甫本身已有较高的社会地位，在官场中的声望也不小，于是他的几个儿子也很顺利地参与到了大清户部银行的筹建事宜中，并先后对其入股投资。

不说别的，单看席家对银行股本的认购就能看出他对盛宣怀支持的力度有多大。当时大清户部银行的股本，一半是由户部出资，剩下的一半则由私人认购。一百多年前，能有胆量、有资金认购银行股本的人家并不多见，席家却是其中之一。席正甫的几个儿子都入股了，长子席立功更是在大清户部银行连续开了几个股户，以不同的身份认购了1320股之多。三子席裕光还出任了银行副经理一职。1908年2月，户部银行改称大清银行之后，除了已经在上海做协理的席裕光之外，席正甫的次子和六子也分别担任了大清银行营口和汉口的分行经理职务。1912年，大清银行改组为中国银行，席家就是中国银行的幕后"东家"之一。席家在银行界的影响力以及他与盛宣怀之间的利益互助可见一斑。

第四节　所向披靡的"猎胡联盟"

　　胡雪岩名声在外，在民间的声誉犹在盛宣怀之上，比起一向低调的席正甫更担得起"久仰大名、如雷贯耳"这样的盛赞之语。喜欢读历史小说的人想必都听说过这样一句话"为官须看《曾国藩》，为商必读《胡雪岩》"。

　　以笔者愚见，胡雪岩之所以被人推崇，并非源自他有多么惊人的经商天分，而是他的发迹之路几乎是中国几千年以来商人的缩影——能够成功源于遇到了官场的贵人，财源广进。可是这种成功一开始就潜伏着一个隐患，那就是一旦官场的争斗蔓延到商场，也就注定了他们最终的失败。被慈禧太后亲授红顶戴和黄马褂，胡雪岩当属商人中的第一人；产业崩溃、负债累累的时候，还是那位高高在上的"老佛爷"慈禧太后亲自下令革职查办、严追治罪，胡雪岩的不幸也来的非比寻常。更为凄凉的是，当胡雪岩在孤寂潦倒中辞世之后，朝廷前来抄家，却没有收获，因为偌大的胡氏商业帝国已经是"人亡财尽，无财可抄"了。

没错，被誉为"中国商人财富偶像"的胡雪岩也曾是席正甫生意场上的朋友，胡雪岩商业帝国的最终崩溃，也有席正甫在其背后所做的"努力"。

胡雪岩是安徽绩溪人，被称为"一代商圣"。他的出身无法与东山大族出身的席正甫相媲美，连一般知识分子家庭出身的盛宣怀也比不上。真要拿出身说事儿的话，胡雪岩只是一个安徽乡下的放牛娃，用现在的话说，是典型的"男屌丝一枚"。他的发迹与政治有很大的关系，先是"慧眼识珠"，挪用了自己工作的钱庄公款500两白银，资助了落魄书生王有龄。当王有龄金榜高中之后，自然加倍回报胡雪岩，资助他开设钱庄成为杭州首富。杭州首富的身份自然比当初的钱庄伙计强百倍，最起码身份提高了，能够结识的官场中人，甚至不乏"大佬级"的人物。左宗棠的提携，是胡雪岩人生最大的转折。

他的一生，纵横商界，可圈可点，他所做的每件事几乎都是一段创富传奇，足以成为后世商务培训的教材。在南方，他开办了与北京"同仁堂"齐名的中药店"胡庆余堂"，悬壶济世；有左宗棠湘军的滔天权势做依仗，他在全国各地设立了20余处阜康钱庄，操控金融；为了对抗外资对"中国制造"的恶意压价，他通过操纵生丝的货源地进而操纵江浙的生丝市场；为了紧跟左宗棠的脚步，同时进一步增加自己作为"红顶商人"的含金量，他为清军筹运军械、筹供军饷、订购军火……

胡雪岩与席正甫能扯上关系还要从他自己的官场靠山——左宗棠的西征借款事件谈起。左宗棠是什么身份？他在平定陕甘回部叛乱、收复新疆的时候，已然是俾睨天下的国之重臣，哪怕军饷再重要，他也不必亲自跑到外资银行去商谈借款事宜。并且，财政方面的事不是左公的强项。所以，有一个胡雪岩这样精明能干又善解人意的好助手就太有必要了。左宗棠与外资银行、洋行联系的枢纽非胡雪岩莫属。从这一点来看，胡雪岩与席正甫的交往始于政治需要。不过这两个南方男人因为有着诸多相似的经历，比如都曾做过钱庄的小伙计、都在经营钱庄、都在各自擅长的领域炙手可热等，得以在不断的业务联系中渐渐熟识了。

命运仿佛给这对"朋友"开了一个玩笑，因政治因缘而结识的两个人，很快就因为同样的原因"分手"了。在狙击胡雪岩的商战中，席正甫被动也好，主动也罢，总之，他扮演了其中极为重要的角色，甚至可以说是压弯胡雪岩的最后一根稻草。

1883年的11月，胡雪岩遭遇了前所未有的危机，因为对生丝市场的掌控出现偏差，胡氏金融帝国已经到了即将瓦解的地步。表面上看，不过是他欠汇丰银行的一笔50万两白银的债务到了偿还的时候，富可敌国的胡雪岩大可不必着急。但这次危机并非单纯的商业危机，实则是一次酝酿已久的"倒胡运动"。胡雪岩的对手们等待这个机会太久了，一旦咬定，就不会给他任何翻身的机会。

　　不是胡雪岩无能，而是他的对手太强大，强大到令"一代商圣"无能为力、只能被动挨打的地步。因为对手是由英国的怡和洋行、李鸿章的经济代言人盛宣怀、汇丰银行在中国政治领域的发言人席正甫等同样顶尖的人才们组成的"猎胡联盟"。这个联盟的实力之强，放眼当时的整个中国大地，找不到一个可以与之抗衡的对手。

　　席正甫加入到"猎胡联盟"，是形势所迫还是主动出击呢？我们来分析一下当时胡雪岩与洋行抗衡中，席正甫的尴尬处境。放眼19世纪70年代，整个中国的商人都不敢在生意场上与洋行一争高下，只有胡雪岩例外。看到中国生丝出口的定价权被牢牢掌控在洋行手中，自信心爆棚的胡雪岩决定介入生丝生意，从生产源头入手，夺回定价权。此举既为丝农们讨回一些公道，自己也能在这个高额利润链中分得一杯羹。以一己之力对抗外资洋行，胡雪岩的魄力无人能及。从

126

对抗的过程来看，胡雪岩并非完全没有胜算，他甚至差一点就成功了。可惜，成功就像做判断题，不允许"差一点"，否则就会失败。

表面上看，胡雪岩的失败是因为他在生丝操纵上面的失误造成的。实际上却是"城门失火，殃及池鱼"——李鸿章和左宗棠在政治层面的博弈是失火的城门。而只会在商海中徜徉的胡雪岩就是那条被殃及的大鱼。曾国藩死后，李鸿章为了防止左宗棠的势力进一步增大，一直在寻找打击左宗棠的机会。身为左宗棠的"钱袋子"，胡雪岩成为李鸿章派系"倒左联盟"的突破口。

"倒胡运动"中，把胡雪岩逼入绝境的最重要的一笔资金就是来自汇丰银行的50万两白银的债务。这笔债务并不是胡雪岩的私人借款，是他替左宗棠向汇丰银行借的收复新疆的战争贷款。尽管清政府和汇丰银行已经打过多年的交道，可涉及借款时，必要的程序还是要完成的。借款就需要有抵押担保，胡雪岩帮左宗棠借款，就是用自己阜康钱庄的信用来做保的。有资格作担保不仅意味着担保人有钱，还意味着一旦政府的还款不能及时到位时，胡雪岩必须自己掏腰包来垫付汇丰银行这笔借款。

盛宣怀就是从这笔借款上下手，启动了彻底搞垮胡雪岩的艰巨工程。本来朝廷的还款已经到位了，可是盛宣怀一方面故意命令上海道台府延迟付款给胡雪岩，另一方面联合上海滩的其他人不要借款给胡雪岩。谁可以对上海的钱庄业、银行业施加如此大的影响，能让大家都不肯救援胡雪岩呢？此人非席正甫莫属。

席正甫和胡雪岩也有过数次的合作，并没有什么私人恩怨。可是胡雪岩意图操纵生丝市场的行为不但是对洋行的挑战，对席正甫这类依靠洋行赚钱的洋买办更是一种压力。大家不要忘了汇丰银行成立之初，大股东们就是各家英资洋行。席正甫能在上海的金融界有如此大的话语权，也是沾了汇丰银行的光。现在胡雪岩要抢洋行的生意，就是跟席正甫过不去。而且，盛宣怀和席正甫的关系已经超出了生意上的合作，二人的私交也是不错的。这两位商界的一流人物，加上各自背后的靠山——李鸿章和洋人，胡雪岩"败走麦城"几乎就是定局了。

从汇丰银行买办席正甫的角度出发，他参与了"猎胡联盟"，并在其中负责极为重要的一环，是出于工作需要，不得不为。从个人私心来讲，席正甫对于胡雪岩这样的金融人才有着"惺惺相惜"和"一山不容二虎"的矛盾心理。

席正甫欣赏胡雪岩的才干，对自己在钱庄行业的强大对手有着深深理解和尊重，同时也有着天然的嫉妒和排斥。他不喜欢胡雪岩的张扬，认为商人应该和侠客一样"事了拂衣去，深藏功与名"。他看不惯胡雪岩穿着黄马褂、带上红顶子炫富的行径，认为低调才是大商人的本色。或许产生这种分歧的根本原因是两个人出身不同。传承千年的江南席家不但有经商的传统，也有诗书传家的底蕴，而放牛娃出身的胡雪岩恰恰缺少这份文化底蕴的支撑，一旦登高一呼，就容易得意忘形。如果说胡雪岩是中国商界一颗灿烂的流星，光芒四射却转瞬即逝，席正甫和席氏家族则是巨星，他们的光芒势必在晚清中国留下精彩的一页。

第五节　汇丰银行崛起的幕后推手

当李鸿章和左宗棠联合保举席正甫到北京做官的时候，很多人都以为席正甫肯定会心动的。可是席正甫偏偏让这些人"大跌眼镜"，他没有任何犹豫就拒绝了。这份拒绝是因为席正甫年轻、鲁莽、不识抬举，还是因为他的精明、谨慎、眼光长远？当时不好说，但是后来的发展证明了席正甫的拒绝确实是最聪明、最保险的选择。

席正甫没有到飘摇欲坠的晚清做官，坚持在汇丰银行做买办，间或继续开钱庄，专心构建席家庞大的资产帝国。到1904年席正甫去世的时候，席氏家族已经成为上海滩最为庞大的买办世家。一个典型的数据就是在上海的大小34家外资银行当中，席家人就出任了其中17家银行的买办。

买办们原本并没有严密的组织，他们各为其主，每个人只服务于一家银行或洋行。要说组织的话，也就是同乡之间来往的稍微密切一点，互通有无、守望相助。看到其他行业都有行业工会，外商银行的买办们也赶了一次时髦，成立了买办公会，利用每星期三下午在英商麦加利银行的买办间聚会，相互交流各自的情况，维护共同的利益。席正甫没有搞特殊，也成为公会的一员，积极参加买办公会每一次的集体活动。

加入买办公会的席正甫并没有忘记自己的本职工作，他清楚地认识到工会组织办得再热闹，至多也就起个锦上添花的作用。只有把汇丰银行的业务做好，才是自己在金融圈立足的根本。有了这个想法之后，他越来越重视自己生存和发展的根基。在席正甫的努力之下，汇丰银行除了承办了清政府的一系列政治贷款之外，又先后办理了沪宁、广九、京奉、湖广等铁路贷款。席正甫充分施展了席家几百年来流淌在血液中的经商天分，竭尽全力为东家也为自己争取更多的发展机会、发财机会。

汇丰银行有了这位得力的买办悉心运作，发展势头超过了先一步入驻上海的丽如银行、麦加利银行等。

同为"晚清四大买办"之一的郑观应就把汇丰银行的盛况写进他的著作《盛世危言》当中。他说"若今之洋商所用银票（纸币），并不由中外官吏验瞧虚实，不论多少，为所欲为。闻英商汇丰银行在奥通用之票百余万,该行已获利二百万之谱。"[1] 在发行纸币的这项业务上,自然少不了席正甫的运筹帷幄。

王槐山开创的拆票业务也是席正甫在接手之后主抓的业务之一。拆票业务的实质是外商银行对中国钱庄放款,从中赚取高额利息。上海滩开拆票业务先河的正是汇丰银行,王槐山"告老还乡"之后,这项业务的负责人就是席正甫。席正甫为钱庄和票号提供无需抵押品的信用贷款,钱庄、票号以自身的信用出具远期汇票。这样一来,那些自有资金有限的钱庄,就可以通过抵押庄票给汇丰银行的方式取得贷款,从而用于商业贸易过程中的资金周转,将自身生意做大。

至于吸纳存款,席正甫更是出手不凡。早年他经营钱庄的时候,就擅长利用自己长期以来建立的人际关系网络,吸收来自社会各界人士的大笔存款。来到汇丰银行,席正甫结识了更多的政商界名流,他的人脉和"财脉"都更加广阔,吸收存款方面更是得心应手。尽管汇丰银行提供的存款利息并不高,但在席正甫的牵线搭桥下,许多达官贵人一是为了安全,二是给席正甫面子,纷纷将资金存放在政府难以管辖的汇丰银行当中。

100多年前,中国普通老百姓手中的资金有限,能安稳

---

① 宋鸿兵. 货币战争3 [M].北京:中华工商联合出版社,2011:第20页.

过日子就不错了，哪里有闲钱存到银行呢？并且，即便有闲钱，也是兑换成金条秘密藏起来的居多，没有到外资银行存款的意识。所以席正甫将吸收存款的目光放到了达官权贵的身上，并制定了专门针对达官显要的存款策略——客户资料绝对保密，中英两套账目从不示人。

仅此一招，让汇丰成为当时中国的高收入者最为信赖的银行，此情此景一如今日全球富豪对瑞士银行的信赖。晚清时期庆亲王奕劻就是汇丰银行的忠实拥趸，他与汇丰银行的故事更是为这份信赖增添了一份传奇色彩。

奕劻自1884年起总揽大清国的外事、内政长达27年，各种收入加在一起，使这位权势显赫的王爷堪称富豪。他为了保证资产安全，就需要选择一家实力雄厚同时清政府又得罪不起的外资银行，于是汇丰银行便成为奕劻的第一选择。

对于银行来说，吸收存款就要给付客户利息，这是最基本的义务，客户存入的金额越大，银行需要支付的利息就越多。像奕劻这样的大客户，巨额资产存进来，一年的利息也是一笔不小的开支。汇丰银行当然知道奕劻的巨款来源肯定是有问题的，于是在这方面打起了"节约"的主意。他们同意奕劻存款到这里，但给出的利息极低，尽管如此，奕劻还是接受了汇丰银行提出的月息二厘的苛刻条件，成为汇丰银行的VIP（贵宾）客户。如果没有席正甫这样谙熟大清国情的人当家，汇丰银行怎么会想到在接待大客户的事情上也能省下一笔。

后来，有御史举报奕劻在汇丰银行的存款有可能来路不正，希望朝廷能出面查证。慈禧太后听说这事也很重视，派出军机大臣兼督办政务大臣鹿传霖带着进士翻译清锐前去交涉。尽管鹿传霖的身份高贵，但汇丰银行仗着外资银行的身份，连"老佛爷"慈禧太后都不怕，何况一个大臣。汇丰银行据理力争，说"银行向规，何人存款，不准告人"。鹿传霖没办法，又怕追究太深得罪庆亲王，便以"查无实据"交差了事。

这场查账风波过后，悄悄来汇丰银行存款的达官贵人不但没有削减，反而越来越多。这件事对于汇丰银行，就像绯闻对于明星，是真是假不重要，重要的是曝光率和关注度的大幅提升。据说后来汇丰银行在清理账目的时候，还发现了不少户主去世，大量存款却无人认领的情况。

对汇丰银行来说，席正甫不是单纯的买办，他更是帮助汇丰控制中国金融市场的先驱。英国人自己也承认，通过席正甫的精心打理，汇丰上海分行承接的生意要比香港总行多得多，以至于汇丰银行都离不开席正甫。

在动荡不安的年代，席正甫不仅深受洋人赏识，成为"洋大班"们离不开的大买办，而且在官场中长袖善舞，巧妙处理着种种矛盾，在中外势力的夹缝中为自己谋得了一片比较舒适的生存空间。

本章主要参考资料

［1］任念文.左宗棠西征军费与晚清西北边疆治理实力［J］.探索与争鸣，2007（6）.

［2］吴承明.买办制度的形成中国资本主义发展史［M］.北京：人民出版社，2005.

［3］夏东元.论盛宣怀与洋务企业［J］.学术月刊，1982（10）.

［4］宋鸿兵.货币战争3［M］.北京：中华工商联合出版社，2011.

第四章

开创"席正甫时代"

席正甫的追求不仅仅是在汇丰银行站稳脚跟，他还要站在这个更高的平台上开创一个属于自己的时代。他极力化解汇丰银行与怡和洋行的宿怨，并使两家联手，达成属于强者之间的默契；他不拘泥于银行买办的身份，总是不断地谋求更多的"创富"之路——开钱庄、入股银行、开银楼，在自己熟悉的领域赚钱，让席家坐稳上海滩金融圈的第一把"交椅"。

第一节　联手怡和，强者之间的默契

1874年，对于席家来说是值得纪念的一年。正是从这一年开始，席正甫正式接替王槐山，成为汇丰银行的首席买办。也是从这一年起，他带领席氏家族步入上海滩的金融圈，最后令席家成为这个圈子的核心家族，超过半数的外资银行都要仰仗席家为他们提供专业的买办人才。

同一年，上海的另一家资格更老的英资"超级大鳄"——怡和洋行也正好面临大班的新老更替。经验丰富的英国绅士威廉·凯瑟克走马上任，成为怡和洋行在上海地区的总负责人，他在这个位置上一干就是十几年。怡和洋行更换经理与汇丰银行的买办席正甫有关系吗？有，不但有关系，而且有着极大的关系。

在介入怡和洋行与汇丰银行的恩怨纠葛之前，我们先来了解一下怡和洋行的简单过往。

资本大鳄怡和洋行

怡和洋行是一家老牌的英资洋行，于1832年成立于广州。怡和洋行的创始人是两个苏格兰裔的英国人，名字分别是威廉·渣甸（William Jardine）和詹姆斯·马地臣（James Matheson），所以怡和洋行早期的名字就是渣甸洋行。

成立之初，怡和洋行与其他的洋行没有什么两样，靠着买卖鸦片和茶叶发了家。不过，怡和洋行成立之时并不意味着就是威廉·渣甸和詹姆斯·马地臣发家的开始，早在1832年之前，他们就已经在广东经营了多年的鸦片生意，在鸦片贸易领域有着非同一般的影响力。1837年，刚刚成立五年的怡和洋行就已经成为广州地区规模最大的洋行了。因为威廉·渣甸和当时英国驻华商务总监查理·义律交情不错，得到了这位老朋友很多特别的关照。看来"官商合作"是不分国界、不分人种的，以绅士自居的英国人同样深谙此道。

如果怡和洋行本本分分地经营，不牵扯鸦片这种令人深恶痛绝的东西，清政府应该不会去找麻烦。中国也需要通过这些洋行与外国展开经济上的交流与合作。可是贩卖鸦片不是正常的贸易，这完全是英国无良商人向中国倾销毒品，中国的大量白银向外流走。道光皇帝本来就崇尚节俭，自己都穿打补丁的衣服，当他得知本该流向自己国库的银子都落入洋行老板的钱包后，相当愤怒。为了防止白银外流，清政府发布了一系列的禁烟条令，并且对鸦片贸易的制约也越来越多。

"禁烟"是鸦片贩子们听到的最坏的消息，规模越大的洋行，损失就越大。怡和洋行处境随着中国禁烟力度的逐渐加大而渐渐不妙了。1835年，威廉·渣甸就曾派遣詹姆斯·马地臣回英国，去说服英国政府给清政府一点教训，有可能的话，最好派一支舰队来为自己的鸦片生意保驾护航，同时震慑一下这个落后的东方大国。可他们的要求并没有得到英国当局的许可。也许是威廉·渣甸和詹姆斯·马地臣的分量不够，两个商人的话没有起到那么大的作用。还有一个可能就是英国当局认为向中国开战还不到时候。

1839年，林则徐来到广州，主持了名垂史册的"虎门销烟"，怡和洋行首当其冲。销毁的鸦片当中，怡和洋行的"产品"占了七成之多。就连道光皇帝都知道了威廉·渣甸的大名，还说"鸦片之到处流行，实以该夷人为祸首"①。

---

① 余歌.打海盗的怡和集团百年史：曾推动鸦片战争[N].环球时报，2013-01-18.

无奈之下，威廉·渣甸只得被迫上缴了7000箱鸦片，还极不情愿地签下了"永不再来"的字据。1839年5月，所有的鸦片贩子们集体被驱逐出境，清政府难得硬气了一回。这次为期19个月的禁烟行动极大地刺激了来到中国开洋行的"鸦片贩子"们的心灵。

以大英帝国子民当时的不可一世，怡和洋行是咽不下去这口气的。威廉·渣甸决定亲自跑回英国游说政府与清政府开战。这回他没有让詹姆斯·马地臣出马，怕这位搭档再次把游说行动搞砸了。回国之后，他马上给维多利亚女王^①上书，力主从清政府手里把香港这块风水宝地夺过来，当作英国在中国的贸易据点。他设计了一份相当可行的战争计划，带着它在英国奔走呼号。他向英国上层社会的"绅士们"宣扬在东方有一个古老的国家富裕而又软弱，打下那里，人人都可以获得无穷的财富。

1840年，威廉·渣甸期盼中的鸦片战争终于爆发了。除了帮助本国制订作战计划外，还经常为英军提供一些必需的战略物资，可谓英国的"战争英雄"。1841年，香港刚刚开埠，他就占得先机，以565英镑的价格购入了香港首块出售

---

① 维多利亚女王，生于1819年，卒于1901年，是英国历史上在位时间最长的君主（64年）。她在位期间（1837—1901年）是英国最强盛的时期。

的地皮。第二年，他又赶紧把怡和的总公司从广州迁到了香港，与颠地洋行、沙逊洋行开始了同行之间的竞争。1843年，怡和洋行再次先行一步来到上海，成立了上海怡和洋行。这是上海开设的第一家来自欧洲的公司，所以怡和洋行在上海的影响举足轻重。

1858年，随着中英《通商章程善后条约》的出炉，鸦片贸易再次合法化，怡和洋行重新耀武扬威，大获其利。仅1863年这一年的营业额就达到了1200多万两白银。

1872年，威廉·渣甸和詹姆斯马地臣的继任者们察觉到单靠鸦片贸易不可能有长久经营的前景，于是怡和洋行的投资业务开始呈现出多元化的局面。凡是能赚钱的生意，他们都敢做。除了贸易的老本行之外，它还参与了兴建铁路、船坞、工厂、矿务、银行等多个行业的投资与建设。比如建在上海的中国第一条铁路吴淞铁路就是怡和洋行投资兴建的；中国的第一部电梯也是怡和洋行引进的；在码头建设上，怡和更是先人一步，无论是上海、天津还是武汉，这三个城市最大的码头几乎都是怡和洋行兴建的；航运也是怡和洋行开拓的众多业务的一种，当时怡和洋行有三十余艘客轮、货轮，能随时向世界各大口岸进发；左宗棠平定新疆叛乱的六次西征借款，怡和洋行参与了前三次；此外，一般人不敢想的军火生意也被怡和洋行经营得有声有色。李鸿章、左宗棠以及后来的"东北王"张作霖等人都曾通过怡和洋行采购过大批的英国新式武器。

据资料显示，1912年，怡和洋行的存款额已经达到220万两白银，而汇丰银行当时只有55万两的存款，相当于怡和的四分之一。到抗日战争爆发前夕，怡和洋行当之无愧地成为英国在远东地区的最大财团。在内地，怡和的影响不太明显，但是在1997年之前的香港，民间有一句话广为流传，那就是："实际统治香港的是马会、怡和、汇丰和港督府"。可见怡和洋行与汇丰银行在民间的影响力之大。

与怡和洋行相比，汇丰银行算是后来者居上。尽管两者的业务范围重合的不多，但是随着怡和洋行的多元化进度加快，竞争的产生无可避免。汇丰银行落户上海之前，中国的金融业务主要集中在洋行和钱庄的手中。是银行的出现打破了这种两元化的平衡，搅动了上海金融市场的"一池春水"。

汇丰银行初来乍到的时候，中外贸易之间的交易活动相对简单，一般的金融服务由大一点的洋行兼营就可以了，一家专业性的银行并不能扭转洋行与钱庄的引领性地位。但是贸易是不断深入发展变化的，当中外双方的贸易越来越趋向于密切和复杂之后，专业性更强的银行的优势就体现出来了。

很多洋行老板也意识到了这一点，开始全力支持汇丰银行的庞大构想，他们也想通过汇丰银行，达到囊括中国贸易金融业务的目的。所以，汇丰银行成立之初，临时委员会的14名发起人都是香港各大洋行的老板，比如作为香港"三大洋行"之一的宝顺洋行就是最重要的股东之一。但是，"三大洋行"的另外两家——英资的怡和洋行与美国人开办的旗昌洋行一开始并不买账。

难道托马斯·苏石兰当初筹办汇丰银行的时候，把这两家实力最为雄厚的洋行忽略了吗？不可能，托马斯·苏石兰那么精明，是不会犯下这样低级的错误的。他在汇丰银行临时委员会的名单上就给怡和洋行和旗昌洋行都保留了位置，但是遭到了拒绝。虽然两家都持拒绝加入的态度，但具体的表现形式还是有所区别的。怡和洋行仗着自己是远东地区的"洋行之王"，根本没把汇丰银行放在眼里，直截了当地就回绝了。旗昌洋行则是打起了太极，既不明确拒绝，也不表示答应，就用一个"拖字诀"来消磨汇丰银行筹备委员会的耐心。

表面上看起来，怡和洋行和旗昌洋行并不是对汇丰银行的发起者托马斯·苏石兰或者对银行这一行业有什么意见，他们是因为自己的死对头加盟汇丰银行而心存芥蒂。俗话说，"同行是冤家""一山不容二虎"，无论古今、不管中外，都逃不开这个"魔咒"。怡和洋行与宝顺洋行、旗昌洋行与琼记洋行就是不死不休的冤家对头。

怡和洋行与宝顺洋行的恩怨

拿怡和洋行来说，它在中国最大的竞争对手非宝顺洋行莫属。在外人看来，怡和与宝顺两家洋行都是英国人开设，也都是做鸦片生意的，应该比较亲睦才对。况且当时市场的"空白区"比较多，竞争不太激烈，不应该有多大的矛盾才是。实际情况却是两家洋行从成立之前就"结下了梁子"，直到1867年宝顺洋行倒闭都没能化解。为什么这么说呢？因为两家洋行的前身就是竞争对手的关系——即怡和洋行的前身麦克尼行与宝顺洋行的前身巴林行从一开始就互为劲敌。后来怡和"大掌柜"威廉·渣甸的一次"自私"行为，成为两家洋行正式翻脸的导火索，怡和彻底得罪了宝顺洋行。

事情是这样的：英美等国种植鸦片的后院在印度孟加拉地区，销售鸦片的城市则是加尔各答。按照原来的船速，从孟加拉到中国的航船一年时间才能往返一次，这个速度让发财心切的洋行老板们极为不满。如果能多往中国跑几个来回，利润就能翻好几倍呢。为此，怡和洋行特意购买了专门用于走私鸦片的"飞剪船"①来往于加尔各答和伶仃洋鸦片基地（中国官方命令不许运载鸦片的船只登陆广州，于是广州沿海的伶仃洋成为洋人最理想的鸦片集散地）之间。

一次，两大洋行都去印度"进货"，正赶上加尔各答一场小面积的经济危机。因为怡和的"红海盗号"飞剪船速度远超一般鸦片船，所以能提前回到广州，怡和洋行把这个消息告诉了威廉·渣甸。威廉·渣甸却没有向宝顺洋行通气，于是怡和因为有所准备，几乎没有遭受什么损失，宝顺洋行却由于后知后觉，损失惨重。1867年，宝顺洋行受到1866年金融风潮的影响濒临倒闭时，曾向怡和求援（怡和和宝顺背后都有巴林家族的英资），但是怡和见死不救，引起了宝顺洋行的极度不满。

尽管怡和与宝顺洋行有矛盾，可一家新成立的汇丰银行并非宝顺说了算，那是全香港九成以上的洋行共同组建的。这才触及了事情的本质——利益。只有利益得失才是怡和、旗昌是否决定加入汇丰银行最为关键的原因。

我们来看，汇丰银行出现之前，中国的国际汇兑业务是由谁来把持的？不是大家想象当中的丽如银行、麦加利银行等最早扎根中国的英资银行，而是由怡和、旗昌等大洋行来

---

① 飞剪船，又名飞剪帆船或飞剪式帆船。此帆船为美国设计师约翰·格里菲思设计，具有面积大、航速快的特点。

兼营的。虽然丽如银行等有英国政府在背后为其撑腰，但因为银行来到中国的时日尚短，汇兑业务的开展并不是很顺利。一个鲜明的例子就是各大银行当中，属丽如银行最有实力，可是丽如全部的外汇生意却抵不上旗昌洋行的一个外汇柜台。更何况怡和的实力向来在旗昌之上，丽如银行连旗昌都比不上，与怡和洋行更加没有可比性了。

怡和洋行一进入上海，就成立了银行部门，包揽了上海大部分的国际汇兑业务。在国际性业务这一点上，传统的钱庄先天不足，只能眼睁睁地看着一般的商业汇款、各国领事汇款甚至英国政府的汇款都由怡和洋行经手。不仅是钱庄没有资格挣这份钱，就连早期进入中国的外资银行也无法与怡和争抢这块"蛋糕"。

在汇丰银行成立之前，怡和就创办了"怡和钱庄"，专门向中国的富商们放贷，生意极其红火。而苏石兰、宝顺银行等筹备的就是和自己争抢生意的银行，怡和当然不会坐视自己在存放款、汇兑这一块的地盘被一家新成立的银行夺去，于是拒不合作、百般阻挠等行为都在情理之中了。汇丰银行想要达到成立之初做专业金融集团的目的，还有很长的路需要走。

汇丰银行终获旗昌洋行的支持

旗昌洋行是美资洋行，它是19世纪远东最著名的美资公司，是那个时代美国在华的最大贸易机构。旗昌的创办人是塞缪尔·罗素，这个出生在康涅狄格州米德镇的美国人与怡和的威廉·渣甸、宝顺的创始人约翰·颠地做法一样，走的也是鸦片发家的路子。塞缪尔·罗素最早代表美国和欧洲的公司来中国广州，推销他们的商品并采购中国的生丝、茶叶、瓷器等回国。旗昌洋行有一个高级合伙人叫小沃伦·德拉诺，这个人不太出名，可他有个外孙的名字曾经全球皆知，那就是富兰克林·罗斯福总统。塞缪尔·罗素在中国最主要的贸易伙伴是广州十三行，他与曾经的世界首富伍秉鉴来往得十分频繁。旗昌洋行除了美资背景之外，还有清政府的官员投资该行。我们提到过的苏松太道吴建彰是买办商人出身，他十分看好旗昌洋行的前景，是旗昌洋行的七大股东之一。

1862年，旗昌洋行开办了中国第一家轮船公司——旗昌轮船公司，启动资金几乎都来自中国买办商人们的投资。旗昌轮船公司主要经营沪粤和长江两大航线。成立五年之后，长江航运就被旗昌洋行所垄断。尤其是1867年到1872年的五年时间，这是旗昌轮船公司最为辉煌的五年，这个时间段也被人称作"旗昌时代"。

怡和洋行与宝顺洋行都是英资洋行，是商场上出了名的"死对头"。同样的两个来自美国旗昌洋行与琼记洋行也一直视对方为自己最大的竞争对手。怡和与宝顺的竞争主要体现在鸦片市场，旗昌洋行与琼记洋行则希望在航运上一争高下。不过两家美资洋行的矛盾没有怡和与宝顺那么尖锐。当汇丰银行逐渐显露出其雄厚的实力和广阔的前景之后，旗昌洋行改变了对立的策略，开始向汇丰银行倾斜。

大家不难看出怡和洋行、旗昌洋行同汇丰银行作对，他们所有的抵制、阻挠行为都源于其追逐利益的本性。两家大洋行本身正在兼营金融业务，他们关心的是自己的利益得失、获利多少，并不希望自己正在兼营的金融业务被这家新成立的汇丰银行抢走。

这两家洋行不但拒绝入股汇丰，还极力阻挠汇丰银行获得汇兑业务的执照。有资料记载的是，汇丰银行临时委员会第一次有正式记录的会议在1864年8月6日，正式营业时间在1865年3月3日，可拿到营业执照却要等到1866年8月14日，这其中最大的一个因素就是怡和的阻挠。

汇丰银行想要得到营业执照，想要合法地存在，必须同时拿到香港总督颁布的特许令和英国政府的批准才行。怡和洋行既然不希望汇丰能够顺利诞生，必然会在这两件事上做做文章。托马斯·苏石兰发出组建总行在中国本土的银行的想法时，已经向当时的港督夏乔士·乔治·罗伯特·罗便臣汇报过，并得到了港督的支持，这一点已经不用怡和出手，根本就是无法阻止。所以怡和只得将宝全部压到英国政府的批准这一边，使出浑身解数来反对伦敦方面对汇丰银行的支持。尤其是针对营业执照当中提到的"汇丰除了在中国以外，还有权在伦敦、印度、新加坡、日本等地设立分行，经营承兑、存款和汇付的业务。"这条规定对怡和洋行显然大为不利。

对于英国财政部门来说，不管是怡和洋行还是汇丰银行承担国际汇兑业务都是一样的，不同的是换了一个名称而已。汇丰银行有那么多洋行入股，在伦敦的势力也是不容小觑的，所以怡和洋行的阻挠只能拖延汇丰银行成立的时间，却不能改变它要成立的事实。

来自美国的旗昌洋行比较灵活。他们发现汇丰银行崛起的脚步无法阻挡之后，干脆妥协，于汇丰银行取得营业执照四个月后成为汇丰银行新的股东之一。这一做法后来被美国通用公司的前董事长约翰·史密斯总结为一条著名的商战策略，即："如果你不能战胜他们，那你就加入到他们之中去。"① 这个原则也有另一种解释，那就是竞争虽然会促使你进步更快，但是合作会让你得到的利益最大化。说到底，商界之战如同国家之争，没有永远的朋友或者敌人，只有永恒的利益追求。

随着旗昌洋行老板福士（Francis Blackwell Forbes）加入汇丰银行董事会，只剩下怡和一家洋行独自抗衡众多洋行的联盟。

汇丰、怡和终联手

怡和洋行的抵制对汇丰银行来说是个不小的难题，因为当时的怡和洋行是外商在华最大的洋行，有着"洋行之王"的称谓。在汇丰银行成立之前，怡和洋行已经在上海开展了汇兑业务，不仅经手一般的商业汇款，连英国政府的汇款也都包揽了。除此之外，怡和洋行还积极贷款给中国的钱庄和地方政府，与上海70多家钱庄和许多地方政府保持着密切的联系。

到19世纪50年代，怡和洋行在上海滩几乎把持了整个中国的国际汇兑业务和国内大部分贷款业务，其他洋行和为数

---

① 牧之，赵凡禹. 管理学经典名言的智慧[M]. 北京：新世界出版社，2011：第106页.

不多的外资银行没有一个能够与之抗衡，有着如此强大的底气，怡和洋行肯俯首向汇丰银行称臣才是怪事一桩。

失去了盟友的怡和洋行反而更加强硬，继续凭借一己之力与汇丰银行进行对峙。在1864年到1874年这十年中，汇丰银行作为新闯入者，与怡和洋行这样旧的洋行代表之间冲突不断、嫌隙不断。直到约翰·凯瑟克上台改变了竞争策略，两家经济航母才有了冰释前嫌、握手言和的可能。怡和洋行是由大班约翰·凯瑟克出面，汇丰银行除了大班托马斯·杰克逊之外，就是刚刚上任的买办席正甫了。为了消除汇丰银行和怡和洋行的矛盾，席正甫也是煞费苦心。

约翰·凯瑟克是个精明的商人。他深知大量外商银行在汇兑、贷款等业务上的发展，必将影响自身已经开创的国际汇兑、国内贷款业务大好局面，与汇丰银行之间的一系列博弈也都是两败俱伤，没有丝毫的价值。此时，外商银行与大洋行争夺外汇业务的竞争也日益激烈，怡和在外汇业务上的霸主地位已然被动摇，而汇丰银行的业务则正在蒸蒸日上。权衡利弊后，怡和洋行也开始设法改善与汇丰的关系。约翰·凯瑟克希望能够找个机会与汇丰银行的当家人一起坐下来好好聊一聊，放弃争斗、握手言和或许能达到双赢的结局。

与此同时，汇丰银行也意识到了这一点。后来，随着中外贸易周转的时间一步步缩短，贸易资金的流转速度显著加快。汇丰认识到开展押汇贷款和票据贴现业务的重要性，而这些业务大都掌握在怡和手中。客观形势的变化让汇丰感到有与怡和洋行合作的必要。怡和与汇丰关系的改善看起来是两大外商企业之间的事，与中国买办之间关系不大。实则恰恰相反，在因缘际会之下，席正甫竟成了汇丰与怡和携手的关键人物。

事情是这样的：一天早上，席正甫和往常一样坐着马车赶去银行上班。途中却有一群人挡住了去路，既然无法通行，席正甫只好下车马车前去探个究竟。

他发现大家正围着一位中年洋人，指责、谩骂、冷眼旁观者皆有。席正甫问旁边的人发生何事，有人就说这个洋人买了小吃摊的包子不给钱，拿一个洋玩意儿顶银子，摊主不同意，两人遂起了争执。席正甫问是什么洋玩意儿，旁边的人都表示不认识。

席正甫在上海滩混迹了这么多年，自然认识了不少洋人和洋玩意儿，英语水平在国人中也算得上流利。他觉得自己或许可以解决这件纠纷。席正甫奋力挤到小吃摊摊主和中年洋人身边，才知道原来大家口中的"洋玩意儿"是一块怀表。一块精致的怀表与几个包子相比，谁吃亏谁占便宜显而易见的。偏偏摊主并不认识怀表，这才闹了乱子。

　　席正甫就替这位忘了带银子的洋人付了包子钱，还把怀表要回来还给了洋人。让人意想不到的是，就是这样一件小事，却将席正甫与怡和洋行紧密联系到一起。原来，那位吃了包子却没带钱的洋人，就是怡和洋行的新任大班约翰·凯瑟克。不过在大街上的萍水相逢之后，两个人并没有互相介绍，也不知道在不久的将来，两人之间就会有更加深入的交流与合作。

　　一次，约翰·凯瑟克主动来到汇丰银行拜访，准备与汇丰大班就合作事宜进行初步洽谈的时候，约翰·凯瑟克经过汇丰买办间，他不经意地向里面瞟了一眼，无意中发现上次帮他在马路边解决困难的那个会说英语的中国人。

　　打听之下知道这位急公好义的人就是席正甫，是汇丰银行的首席买办。不得不承认，人与人的相识往往多了些机缘巧合，有时街头偶遇的人、擦肩而过的人，日后都可能与你有往来。就好像一切都是命中注定的，看似偶然，但从事情最后发展的结果来看，却可能就是必然，席正甫与约翰·凯瑟克的相遇正是如此。

　　约翰·凯瑟克发现汇丰的买办是自己的"恩人"后，便向汇丰大班托马斯·杰克逊提出派席正甫与其接洽，商谈怡和洋行与汇丰的合作事宜。托马斯·杰克逊不明白其中之意，问约翰·凯瑟克这是为何。约翰·凯瑟克神秘地回答道：“我与席买办有缘！”托马斯·杰克逊没有在这方面刨根问底，而是很大度地答应了约翰·凯瑟克的要求。他知道既然现在的形势是汇丰必须与怡和合作，那么汇丰银行总要派出一位代表来与之接洽。对方中意的席正甫买办也是自己信赖的人，为什么不能成全他们。他相信精明的席正甫先生一定能够处理好这件事。

几次简单的交流后，约翰·凯瑟克与席正甫开始进入主题，商谈合作之事。约翰·凯瑟克觉得自己与席正甫有缘，除了席正甫曾帮助过他以外，还因为他们俩有许多共同之处——他们都重情重义，又都十分敬业。尤其难能可贵的是在商讨合作事宜时，谈判的两人没有因为私交甚好而随便敷衍，而是尽量公事公办，为自己所在的企业争取最大利益。这一过程中，席正甫拿出了他曾给大清朝廷办贷款时的气势，底气十足地向约翰·凯瑟克陈述汇丰已经占有的得天独厚的优势以及怡和与汇丰的合作对双方都有哪些好处。

约翰·凯瑟克也知道与汇丰的合作已是大势所趋，问题只在于用何种方式进行合作。汇丰提出的条件是让他加入汇丰董事局，约翰·凯瑟克也有此计划，希望汇丰大班能够入股怡和。双方都做了这样的考虑：你入股我的企业，我的生死就关系到你的切身利益，如此一来，你自然不会做出不利于我的举动，双方和睦关系就能维持得长久一些，而我还能拥有较多主动权，不会事事受你牵制。

最后，在席正甫的努力下，谈判以怡和大班约翰·凯瑟克加入汇丰董事局而圆满结束。能够达成这一成果，固然有约翰·凯瑟克意识到汇丰银行的前景广阔的因素，但是我们不能否认席正甫在这次合作中起到了很大的作用。因为约翰·凯瑟克相信席正甫，一直在强调他敬佩席正甫的胆识与卓越的商业谈判技巧，他觉得自己没有看错人。他认为，既然汇丰能委任席正甫这样有胆有识、重情重义的人为买办，那汇丰还是值得信赖的，他们的友好合作关系应该可以长久维持。

之后的事实证明，约翰·凯瑟克的判断是正确的。

1877年，两大英资财团——汇丰银行和怡和洋行终于冰释前嫌，走到一起，开始了两个强者之间的默契合作。约翰·凯瑟克通过出任汇丰董事，结束了自1865年以来存在于汇丰与怡和之间的矛盾，此事在当时的上海滩成为生意场上的头条新闻，而席正甫也因此而变得更加大名鼎鼎。

席正甫能够化解汇丰与怡和洋行间的矛盾，不仅显示了席正甫的商业才华，也向世人证明人品对于个人的命运有时候会发挥意想不到的作用。这件事虽不是席正甫一生中最值得炫耀的商业历程，但为汇丰、为怡和、为他自己争取到了丰厚的利益，为他的买办生涯增添了华丽的一笔。

第二节　钱庄——近代中国经济的中流砥柱

在一百多年前的上海，边做买办、边开钱庄是一种主流的投资风气。

钱庄是中国本土金融业组织构架中最主要的一环，它与票号一起促进了商品流通。人们习惯性地把北方的以山西人为主，流行于华北地区和黄河流域的信用机构称作票号；而把以上海为中心，流行于长江流域和江南各省的金融机构称作钱庄。不过单纯地以地域区分票号与钱庄也不完全准确，在实际的经营过程中，钱庄与票号还是相互影响、相互渗透的。比如票号曾一度把上海和武汉作为其在东南地区的据点，而钱庄也曾扩展到华北各省。

另外，两者在业务内容上也不尽相同。钱庄主要是针对商人办理存放款业务，顺带着经营地区之间的商业汇兑。而票号的侧重点与钱庄明显不同，票号是以汇兑为主，兼营放款业务。而且票号的放款对象并不针对一般的商人，而是直接放款给钱庄。从这一点来看，一般情况下，票号的规模是大于钱庄的。

鸦片战争之后，上海逐渐成为中国的金融中心，盘踞在上海的钱庄不可避免地与外来势力发生了联系。票号则侧重于经营汇解饷需、协款和丁银等业务，与清政府的关系更加密切。这样一来，商业资金周转的业务几乎都落到了钱庄手中，钱庄有了更多地深入接触新事物的机会。

与钱庄和外资洋行距离最近、感受最深的那一批人非受雇于洋行或者银行的买办莫属了。洋行买办不用说了，为了便于大规模的交易，必须经常与本地钱庄打交道；而银行买办的主要职责就是探析本地各钱庄、银号的财务状况，所以无论是洋行还是银行的买办，对钱庄都极为熟悉。甚至有不少买办在进入外资洋行之前，就有过在钱庄从业的经历。汇丰银行的王槐山和席正甫一个曾是钱庄的跑街，一个曾亲自开过钱庄，就是典型的例子。

做买办之前开过钱庄可以称之为有工作经验，那么做了买办之后再开钱庄是怎么回事呢？大买办唐廷枢、徐润都承认自己在担任洋行买办期间与钱庄有联系，席正甫是不是也同这二位一样有着买办与钱庄幕后老板的双重身份呢？答案是肯定的。

第三节　开钱庄——买办们的第二职业

　　当年席正甫已经成为红遍上海滩的大买办。他上能得到朝廷大员李鸿章、左宗棠的赏识，中有上海道台袁树勋的帮扶，与清政府官方的融洽关系令无数外资银行大班眼红不已。哪怕不提他们席家人在整个上海银行界的庞大关系网，仅一个汇丰银行的大买办身份就足以让所有对资金有需求的人对他格外恭谨。

　　可是席正甫并不满足只为汇丰一家银行服务，在他的头脑里，"能者多劳"与"多劳多得"是天经地义的。于是，在席正甫为汇丰银行服务了13年之后，在没有辞职的情况下，他开始兼营起自己的"副业"。

　　当时，上海大大小小的钱庄有百余家，规模不一，幕后的老板有世代做此生意的"金融世家"，也有与银行、洋行关系密切的买办们。尽管买办开钱庄的事情众所周知，但买办们还是比较低调的。他们通常不会自己直接出面来做钱庄的掌柜，更多的是通过入股的方式来参与一家或几家钱庄的运作，利用职务之便，适当地"照顾"自己投资的钱庄，赚取双份的利益。

从小处着眼，我们看到的是买办为自己的创收而开办钱庄，钱庄是他们的一条致富途径；从大的方面来看，这些买办们正在不自觉地把自己纳入近代中国的资本主义化进程当中。尽管千人千面，归结起来，买办经营钱庄不外乎两种形式：一种是钱庄工作人员兼职做买办，同时不放弃自己钱庄的业务；另外一种就是买办通过投资、入股的形式直接创办钱庄或者间接与钱庄建立密切的业务联系，但买办的职位也不能放弃。

很多大买办的发迹故事告诉我们，在近代中国，钱庄工作人员和外资银行、洋行买办的身份是可以互相转化的。甚至，同时兼有两种身份的人也比比皆是。钱庄人员充当洋行买办，需要的是他们的工作经验以及对中外金融贸易领域的熟悉；从买办到开办钱庄，则需要雄厚的经济实力以及在外资企业工作的身份便利。席正甫由于钱庄经营得法而被英国人看中，做了买办之后，他回过头来又与人合开了多家钱庄，就是最为典型的例子。其他的诸如王槐山从三余钱庄出来，进入汇丰银行做买办；荣丰钱庄的丁建彰后来进入伯德孚洋行做买办；协丰钱庄的大股东兼任上海李百里洋行的买办；浙江湖州的买办世家许春荣家族也都是在经营钱庄极为成功的同时，派出家族的子弟们出来充当各大银行的买办。

从1840年代到1880年代，有切实资料可查的开办过钱庄的上海买办当中，以怡和洋行唐廷枢、宝顺洋行徐润、汇丰银行席正甫和敦裕洋行严国馨四人投资最大，他们几个人在钱庄上的投资合计超过了45万两白银。这四位大买办并不知晓自己的行为实际上是中国钱庄与外国资本主义经济发展的一种纽带，他们身在其中，起到了催化剂、融合剂的作用。

19世纪60年代，洋行买办兼任钱庄老板的事情已经十分普遍了。泰和、泰兴和精益三家钱庄的老板是同一个人，他就是怡和洋行最为成功的买办唐廷枢先生开办的；宝顺洋行的徐润更是通过自己经营的房地产公司，与20多家钱庄有着业务上的密切关系。

到了19世纪70年代，大买办们对钱庄的投资步入了一个新的历史阶段。他们不再仅仅追求一两家钱庄的收益，而是致力于打造一个属于自己的金融网络。不少买办已经开始尝试在全国范围内建立起一家总行、多家分行性质的钱庄"连锁店"。敦裕洋行的严国馨就在上海、苏州、常熟等地开设了七八家严氏独资创办的钱庄，并通过钱庄铺下的道路，为自己的买办职业服务。由此可见，中国的钱庄人员与洋行买办不但在人员上交流不断，就连资本也是你中有我、我中有你，相互渗透。

这些与各大洋行买办有关系的钱庄中，正大、协升、镇昌、久源、裕祥等都与席正甫有着直接或者间接的投资关系。当然，其中最为成功的还属席正甫与另一位东山人严国馨合开的协升钱庄。

精心选择的合作伙伴

1887年，席正甫与同乡严国馨合资开设了一家钱庄。既然是两家合作的，称为"协升"再恰当不过了。"协"有团结合作之意，"升"乃步步高升，两个字放到一起，很明确地表达出席正甫希望在事业上再进一步的意思。

协升钱庄的开办对席正甫来说是一个毫无风险的发财机会。他利用自己做汇丰银行首席买办的名望以及便利，替自己的钱庄承揽了很多大生意。一些旁人很难搞定的关系、业务，对席正甫来说都是小菜一碟。谁让他兼有中国官场和西方洋场双重的人脉关系呢？别人的钱庄想与银行拉上关系，想得到银行拆借的资金，不仅需要拉拢买办、还需要付出不菲的手续费，席正甫的身份让他的钱庄省去了这些必要的开支，财源广进。

人们常说，选择一个生意上的好搭档有时候比选一个能搭帮过日子的好媳妇还要困难。席正甫开钱庄选择的这位搭档严国馨就很不简单，他属于洞庭东山安仁里严氏三房世系第十六代人。仅仅介绍说严国馨是席正甫的同乡就有点见外了，其实，他们两个还有着姻亲关系。东山素有"翁、席、刘、严"四大望族之说，木渎严家与东山席家一样，同为苏州洞庭一带的名门，两家一直有着通婚的传统。

席正甫的六个儿子当中，就有两个娶了木渎严家的女儿。其中长子席立功与吴县木渎镇严毓甫的长女喜结连理，严氏女成为席正甫一系的长房长媳；而四子席裕美就是娶的严国馨的三女儿，这位严夫人过世之后，席裕美这才续娶了一位姓邹的女子作为继室。

去过苏州旅游的人，一般都不会错过木渎古镇，更不会错过一个叫"严家花园"的知名景点。因为对于普通人来说，到江南游玩为的就是欣赏那天地之灵秀的人文景观，最好是有名人、有美景、有故事的地方才不枉此行。那么，江南之游首选苏州，苏州又素有"姑苏繁华景，一半在木渎"的说法，而位于木渎古镇最为著名的严家花园恰好就是这样一座综合了三个条件的绝佳景点。这个严家花园与我们提到的席正甫的合作伙伴严国馨就有着非常密切的关系。因为严国馨就是木渎百年之前最为著名的首富，同时他也是严家花园的第三代主人。

严家的底蕴和实力

严家花园并不是严国馨这位富商一时起兴，为自己家族修建的豪宅，而是历史悠久的江南名园之一。它的第一代主人是乾隆年间的苏州大名士沈德潜，第一位超重量级的贵宾则是当时的乾隆皇帝。乾隆不但在这里小住过，还亲自当起了园艺师，在园中植下了一颗至今仍在开花的广玉兰。

到了道光八年（1828年），沈家后人将此园转让给了木渎籍的诗人钱端溪。光绪二十八年，也就是公元1902年，诗人的后代因不善经营，面临着生存与尊严的选择。饱经生活困扰的钱氏子孙一致认为生存更为重要，于是将这座承载了家族荣耀的历史名园以20万两白银的价格卖给了严国馨。当时木渎的富人很多，肯出20万两银子买下这座园林的也不乏其人，可是论人品、操守、名望，无人能与严国馨相提并论。有了这一前提，钱氏后人才放心把祖宗的产业交到了严国馨手中。与此次交易几乎同步的是，离此不远的苏州的"网师园"被张作霖买了，交易价格是30万两白银。

据查，同时代的大清朝一品京官的年薪是180两白银，如果他们想买一座价值20万两白银园林的话,需要1111年不吃不喝才行。人们不知道严国馨到底家资几何,但却知道在上海做买卖的严老爷不止经营着一家钱庄。如今,人们只知道严国馨是历史上有名的"洞庭商帮"的继承人之一。他的生卒年月已不可考,但他亲手买下的严家花园却长久地留存了下来。

这座园林除了严家重新更名的"羡园"之外,还有了一个更为通俗的名字"严家花园"。据说严国馨是个大孝子,他自己对名园并无多么特殊的喜爱,不过是为了孝敬一百岁的老母亲朱太夫人,才买下的这座园子。不但买了园子,严国馨还聘请了当时大清朝一流的建筑大师——香山帮的建筑巨匠姚承祖对园林进行了一番修整,才有了今天的规模。

如今的严家花园经过三代主人的经营,前后已经历时一百多年,无论是岁月沧桑还是人文底蕴,都足以当得起当代名园的雅称。就连现代建筑师刘敦桢[①]教授都对此园流连忘返,推崇严家花园为苏州园林当中的翘楚。不过,比严家花园更出名的应该是严国馨的孙子严家淦,这位在严家花园玩耍长大的小少爷日后成了蒋介石的继承人,台湾地区的第二任总统。严家淦的名人效应与严家花园源源不断的门票收

---

① 刘敦桢(1897年9月—1968年5月),中国建筑史学的开拓者,中国古建筑研究领域的先驱,中国现代建筑学的重要奠基人。

入应该有着相当大的关系。说起来，席正甫四子席裕光还是严总统的正牌姑父呢。

严国馨并不是单纯的开钱庄的商人，他与席正甫一样，也有着一个买办的身份。他早年就随着父亲严徵祥到上海经商，父亲做过公平洋行的买办，而严国馨成年之后并没有子承父业，而是自立门户，成为上海敦裕洋行的买办。

在中国，但凡能做洋行买办的人，都是千里挑一的精明人。他们敏锐地发现只要能得到外资银行的信任，同时自己拥有足够的资金，就可以开一家甚至几家钱庄，风险极小，更重要的是一本万利。

严氏父子就分别在上海、苏州、常熟等地独资开设了镇昌、德昌等六七家钱庄。徐润也回忆自己在担任宝顺洋行买办期间，与人合股开设过敦茂钱庄，以便支持他所经营的丝、茶、棉花等实业贸易。后来敦茂钱庄歇业，他又紧接着与另外的合作伙伴开办了协记钱庄。即便他参与了轮船招商局的经营，担任了会办之后，还是对经营钱庄不能忘怀，于1875年再度与人合开了荣德钱庄。李鸿章在结识盛宣怀和席正甫之前，财务上依靠的吴煦和杨坊也都做过买办，开过钱庄。

上海众洋行买办开钱庄的事情并非个案，在另一座被称作"九省通衢"的大城市汉口，也有不少买办做了同样的选择。在汉口，外国银行也不少，而且他们一般不会直接和钱庄来往，而是通过买办向钱庄提供贷款。

有"长江流域第一流大买办"之称的刘子敬是汉口华俄道胜银行的买办，他就很喜欢周旋在华俄道胜银行与汉口的钱庄之间。根据武汉市档案馆的相关资料显示，刘子敬曾经将华俄道胜银行代收的我国盐税款项和其他存款放贷给汉口钱庄，平均每个月的交易金额都在一二十万两白银以上。刘子敬不但替华俄道胜银行向钱庄提供款项，他自己也与人合伙开设了一家名为"广大"的钱庄，极大地扩充了刘氏家族的钱袋子。

自称"创建了汉口"的大买办刘歆生也在从事着大同小异的买卖。他是法国东方汇理银行的买办，同时也是阜康钱庄的老板。刘歆生当年是汉口不折不扣的"地皮大王"，他的融资渠道很简单，就是利用自己的买办身份，低价借入东方汇理银行的贷款，然后高价贷出，牟取这之间的暴利。

严、席二人的合作也可以看作是洞庭东山帮商人开拓上海金融界的开始。他们两家与庆城钱庄的万梅峰、万振声父子一起成为洞庭东山在上海金融界的象征，长期掌管着上海滩的私营银钱业。据后人的不完全统计，在清末民初的几十年时间里，来自洞庭东山的金融家们一共在上海设立钱庄多达85家，其中大部分都是出自席家和严家。

第四节　只在自己熟悉的领域赚钱

　　由于汇丰银行的特殊地位，席正甫领导下的汇丰银行买办间在实质上成为各外国银行与钱庄之间的"总清算处"。席正甫的影响力也跟着汇丰银行的地位水涨船高，隐隐有控制上海各家钱庄之势。

　　毫不夸张地说，到了19世纪末期，席正甫在上海银钱业的地位已经根深蒂固了。时人都说，只要席正甫一点头，任何钱庄都敢开一张10万两银子的本票。为了巴结席正甫，上海几乎所有的钱庄都欢迎席正甫加入股本，还争相聘用席正甫介绍的人当助手。席氏家族在上海的经济影响力已经具备了相当的规模。

　　席正甫的投资取向对儿孙们的影响也非常大。他的长子席立功的投资模式与其父如出一辙，也是在钱庄、银楼、金号等方面。

席正甫对做官没什么野心，对商业或者说对财富的追求却一直没有停止。他并不满足于只插手钱庄业，还把触角伸向了开设在上海的各家外国银行。在汇丰银行享有很高的地位的他，深知一个银行买办的身份对家族财富的增长多么重要。席正甫在担任汇丰银行买办的三十年中，一直不遗余力地向驻沪的各大银行介绍自己家族的子侄和其他亲属做买办，最终造就了日后席家在上海金融界无可取代的"老大"地位。

有人很好奇，买办不就是中介、中间人的角色吗？他们为什么会那么有钱？其实，他们的收入来源比较广泛，除了兼职"副业"、开设钱庄之外，通常情况下，一个买办的收入主要由薪金和佣金两部分组成。其中，薪金也就是基本工资，仅占买办总收入的一小部分，而佣金往往比较多。至于能力更强的人利用做买办的便利条件向外投资挣钱则另当别论。

席正甫对于汇丰银行的重要性我们都知道，可是席正甫的工资高吗？并不算高，每月200两白银的薪水。当然了，这笔钱比起他不屑于做的清朝公务员工资高了不少，但这不是席正甫的追求。我们打个比方吧，如今普通人月薪8000元就算很不错的收入了，可是哪怕把这8000元提高10倍、100

倍来给李嘉诚、梁稳根这样的富豪发工资，他们仍不会看在眼里。不过席正甫有一个优点，那就是从来不轻视任何一笔小钱，他不但按时支取属于自己的工资，还不放过任何一次创收的机会。

银行买办间的员工都是买办招聘来的，工资也是通过买办下发到个人手中的。这样，买办们就有了一个"吃空饷"的机会。比如，席正甫一直在吃弟弟席缙华的"空饷"。事情是这样的，席正甫曾经把自己的亲弟弟席缙华介绍到汇丰银行的买办间打工，后来有了更好的机会，弟弟离开了汇丰银行，到了德资的德华银行担任买办。席缙华走后，席正甫并没有把弟弟的名字除掉，依然在替他领工资，一直领了几十年。他比一般人更懂得"集腋成裘"、"积少成多"的道理。

了解过买办的薪金之后，我们再来看看他们的佣金情况。

清末，苏州有一个名叫王韬的文人，他是中国改良派的思想家、政论家，同时也是新闻记者。王韬有个外号叫"长毛状元"。这位王大才子虽然不是真正的"状元"，却是个见多识广的人物。他曾在英国领事馆的帮助下到过香港，而后游历过英法、等国，到牛津大学、爱丁堡大学做过演讲，还曾前往日本进行过考察。1884年，在国外旅居多年的王韬回国，在上海度过了他的余生。在上海生活期间，王韬针对买办发出过这样一句感慨："中外贸易，唯凭通事（指买办）一言，顷刻之间，千金赤手可得。"①

王先生看到了买办的挣钱速度之快，用"顷刻之间，赤手千金"来形容这一现象。王韬的发现并不鲜见，很多同时代的人都对这一奇怪的现象有所记录。比如琼记洋行的老板就这样评价自己雇佣的大买办陈竹坪，说他"从其拥有的资财来看，是一个我们要向他磕头的人"；美国驻华商务参赞安立得也表示他"听说过许多关于买办挣钱比他所代表的洋行多的事例"。

一位在1866年到过天津的洋人对此更是体会深刻，他在一篇正式的报告中这样写道："没有中国的助手是永远做不成生意的，但是他们要向雇主收取经手货物的佣金，其数额相当于将货物运入中国的费用……"②

上面提到的更多的是洋行买办的收入，像席正甫这样的银行买办不用经手具体的货物，他们的佣金主要从代理的每一笔存放款业务中来。无论是拉存款，还是放贷款或者买卖金银外汇，买办们都是有佣金可拿的。至于佣金比例，就需

① 胡波.香山买办与近代中国[J].百年千年，2007（6）.
② 王湘林.买办与近代中国的制度安排与变迁［J］.广西社会科学，2001（6）.

要看经办的具体业务以及难易程度了。一般来说，从0.12%到12%不等。

很多买办认为存款佣金太低，不必太放在心上，但席正甫不一样，他不会放过任何一次挣钱的机会。为了拉到存款，席正甫买通了跑马厅的职员，每次只要比赛一结束，马场的大量资金就会流向汇丰银行。他还在汇丰银行的买办间开设了鸦片房作为特殊的贵宾室，凡是来存款的有烟瘾的大客户，都可以在这里享受"吞云吐雾"的服务。

举一个直观的例子看看放款的收益，北洋时期的买办曹汝霖如何与日商合办中华汇业银行就是一个典型的例子——曹汝霖拿来开银行的本金赫然就是自己放款所得的佣金。

一个值得注意的现象是席正甫在担任买办期间，投资过钱庄、银楼，也经营过房地产，但是从未对工商企业进行过投资。也有人提过一句半句，说他在做买办期间，曾经开过一家绸缎庄，后来就没有下文了。估计不是因为开绸缎庄不符合席家作为金融世家的身份，而是没有赚钱，才不提了。导致这一现象有两个可能，一是席正甫对实业不感兴趣；二是当时的时代背景使然，席正甫觉得投资民族工商业时机不够成熟，况且实业也没有走金融这一途径挣得钱多。

买办圈的"八仙过海"

既然实业不是席正甫的兴趣所在,那么除了投资钱庄之外,他更喜欢的还是与自己擅长的银行业务有联系的银楼、典当、银号。比如为了与汇丰银行的业务有所衔接,他曾投资开设过一家银楼。

因为汇丰银行每年都会从伦敦运来数额巨大的白银大条,这些银条与"国产"的银条相比成色更纯,直接流通的话就有些吃亏,因此需要掺杂一些别的物质,送到银炉制成元宝再拿出来使用。席正甫自己开设了银楼后,汇丰银行就没有必要舍近求远,到别的银楼进行银条改元宝的工程了,直接把这单生意交给席正甫便是。因此,席正甫的银楼完全包揽了汇丰银行银条生意,每年能"白捡"四五万两银子。

宝顺洋行的徐润除了做买办之外,各种有利可图的"副业"都经营得颇有声色。他是中国近代民族工业的代表人物,在工商业方面有着许许多多"中国第一人"的名头。"中国最大的茶叶出口商""最大的房地产商""最早的股份制企业创始人""第一家保险公司的开创者""第一家大型煤矿的创建者"等响亮的称呼都可以作为称呼徐润的定语。尤其是在地产方面的投资经营，关系到徐润一生的成败荣辱。

徐润生活的年代，买办们对不动产的投资还没有到"热衷"的地步。像王槐山那样舍得买7000亩土地做地主的则属于另类，更多的人还是像席正甫一样习惯把钱投资到钱庄上。徐润不一样，他受教育程度深、思想前卫，喜欢和洋行及英国人一起探讨地产业的前景。徐润就是在同这些人的交往中打听到了上海各租界的规划情况，便提前在规划中的交通要道两侧以低价买进了大片的土地。通过事前得知内幕消息而倒卖土地，赚取了巨额利润，这使徐润成为晚清红极一时的"地产大王"。当时上海、天津、塘沽、广州、镇江等多个一线城市都有徐润大手笔的房地产投资项目。

席正甫对房地产生意的经营没有徐润那么出名，但他在地产方面也有自己的打算。从现存的历史资料中可以看出，席正甫在上海浦东、南京路、凤阳路一代都曾置办过房产。不过他没有像其他专门做地产生意的商人一样热衷于买进卖出或者用于出租，而是把这些地产置于自己的名下原封不动，更像是向外界表明这是席家财产的象征。

世上很少有样样精通的"全才"，能把自己熟悉的行业经营得风生水起就算是了不得的人才了。席正甫正是有着这样的自知之明，才能一路顺风，走到上海乃至全中国金融界的巅峰。席正甫一生谨慎，不肯涉足自己不熟悉的领域，不愿意冒险从事"捞过界"的买卖，但这并不代表他的儿子、孙子们也都按照他的规矩一成不变。

席正甫的长子席立功就喜欢"多处撒网"，在很多行业都有投资。席正甫喜欢开钱庄，这一点上，席立功紧随其父，也与人合资开设了久源、裕祥、正大等六家钱庄，并亲自担任江苏银行董事一职。除了席家擅长的金融行业之外，席立功还投资了一家公益纱厂。

1904年，席正甫去世。1908年，席家就卷入了举世闻名的"橡皮风潮"当中。"橡皮"就是橡胶，经营橡胶树种植的公司就被称为"橡皮公司"。20世纪初正是汽车工业兴起的时候，作为轮胎必需品的橡胶开始走俏。美国、英国等发达资本主义国家对橡胶的需求量大增，导致橡胶价格不断上涨，这就是"橡皮风潮"发生的历史背景。一个叫麦边的英国商人在媒体上发表了一篇名为《今后之橡皮世界》的文章，成为许多钱庄梦碎的开始。在橡胶业美好前景的诱惑下，当时不管是个人还是公司，都开始疯狂地购买"橡皮股票"。

一旦市场出现疯狂抢购某一物品，出现哄抬物件现象的时候，其后必定会出现经济危机。"上帝欲其灭亡，必先使其疯狂"，这句话对变幻莫测的股票市场尤其适用。果然，

1910年，最早鼓吹"橡皮股票"能大发其财的洋人麦边携款潜逃，曾经金贵无比的橡皮股票形同废纸。上海大批钱庄受到牵连，甚至因此倒闭，其中就有席家投资的数家钱庄。谁叫席家当时在上海的众多钱庄当中都有或多或少的股份参与。依照钱庄要负无限责任的原则，席家为了信誉不坠，只能自认倒霉。

席家除了善于敛财之外，也有一些向外掏钱，支持公益事业的善举。席正甫的大儿子席立功每年都会拿出700两白银作为"善举费"，这笔钱相当于他妻子一年的置装费。700两白银与席家一年的巨额收入相比显然是九牛一毛。不过能有慈善之举就很不易了，至于有没有慈善之心，时隔百年，已经没有深究的必要了。倒是席正甫的大侄儿席锡蕃在慈善方面颇有建树，不但组织了洞庭东山旅沪同乡会，还倡议建立了洞庭东山会馆，率先捐助了巨款，对家乡的凝聚力方面贡献很大，属于一呼百应的领导人物。

本章主要参考资料

［1］余歌. 打海盗的怡和集团百年史：曾推动鸦片战争［N］. 环球时报，2013-01-18.

［2］刘诗平. 汇丰帝国：全球顶级金融机构的百年传奇［M］. 北京：中信出版社，2010.

［3］刘诗平. 洋行之王——怡和与它的商业帝国［M］. 北京：中信出版社，2010.

［4］牧之，赵凡禹. 管理学经典名言的智慧［M］. 北京：新世界出版社，2011.

［5］马学强. 江南席家——中国一个经济大族的变迁［M］. 北京：商务印书馆，2007.

［6］胡波. 香山买办与近代中国［J］. 百年千年，2007（6）.

［7］王湘林. 买办与近代中国的制度安排与变迁［J］. 广西社会科学，2001（6）.

［8］徐矛，姜天鹰. 中国十买办——席正甫［M］. 上海：上海人民出版社，1996.

第五章
揭开席家富贵世代相传的秘密

洞庭东山席氏家族，是一个自唐朝以来绵延千年、香火不断的大家族。席家的远祖是唐朝的武卫上将军席温，他以赫赫武功弹出了家族的第一个基调。千年之后，席家再次高度繁荣，荣耀近百年，这次靠的不是"武卫上将军"的余荫，不是东山商帮的钻营，而是席正甫及其子孙在中国金融界无与伦比的影响力。

第一节　席家的财富传奇

"晚清四大买办"中，唐廷枢、徐润、郑观应都来自广东香山，无论在位时多么辉煌，他们的买办和实业生意都没能在儿孙手中得以继承和延续。而唯一一位江苏东山人席正甫则不一样，他用自己的后半生为整个席氏家族奠定了买办事业大厦的基础，让一个家族屹立在上海滩半个多世纪岿然不动。这份眼光、这份魄力、这份运作的手段不得不令人佩服。

席正甫的兄弟、儿子、侄子、孙子当中，有不少人像他一样也把毕生的精力投入到了金融业中，成为当时上海银行界不可或缺的人才。席氏家族的子孙在上海金融界开枝散叶，编织成了一张大网，将几乎一半的外资银行都网罗其中。

把席氏家族的人才传递都归功于席正甫一人，其实有点溢美了。虽然席正甫是席家买办群体中最核心、最成功的人，但他的几个兄弟以及各自的子女、乃至儿女亲家们在这一领域也都干得不错。所以说席氏家族的人才传递是席正甫这一代人共同努力的结果可能更客观一些。

买办是个家族性的、带有世袭性质的职业。席正甫兄弟等人是洞庭席家的第一代买办，他们的后代接过了这份让多少人眼红、眼热的"接力棒"，延续数代直至20世纪20年代末。

席正甫的哥哥席嘏卿

席正甫是使整个席家在上海这个大都市真正站住脚、跻身于金融界显贵之列的人物，这一点毋庸置疑。不过我们也要承认席正甫并非席家第一个闯荡上海滩的人，他的同胞大哥席嘏卿才是从洞庭东山走出来的第一个席家人的代表。

"嘏卿"同"正甫"一样是号，席家老大在族谱上的正名是席素煊，字缙云。席正甫的父亲席元乐先后娶过两任妻子，老大席嘏卿和老二席正甫是席元乐的第一任妻子所生，老三席素荣和老四席素恒则是母亲过世后，继母沈氏所生。还好，席家四兄弟一直相处得不错，丝毫没有因为是两个母

182

亲所生而闹过什么不和。继母的哥哥沈二园也一直把席正甫兄弟当作自己的亲外甥看待，没有厚此薄彼的嫌疑。看来，席家坚持在东山老家与几家大户通婚的原因也在这里——彼此了解、知根知底。这样做最大的好处是能够消除家庭不睦的根源，让男人们把更多的精力投入到事业中去。

席嘏卿生于1833年，比二弟席正甫年长五岁。在父母早亡之后，席嘏卿还是很负责任地践行了"长兄如父"的中华传统，撑起了席家的家业。

席元乐在过世之前，就曾有意锻炼长子的经商能力。席元乐不仅让席嘏卿跟着自己学习经商，还曾把他送到浙江的一家典当行做过三年的学徒。随着家庭变故的发生，席嘏卿不得不提前结束自己在浙江典当行的学徒生涯，回到东山老家照料家庭。

本来，席嘏卿是想把自己几年来在典当行学到的技能付诸实践的，可是太平天国运动在苏州一带进行得越来越激烈，当时所有的当铺都处于歇业的状态，席嘏卿没有找到机会施展自己的所学。为了养家，他来到了人称"冒险家乐园"的上海。

上海对外贸易进行得比较早，经济比较发达，因此成为江浙一带富人们的云集之地。席嘏卿当时只是初来闯荡的小青年，他能在租界施展拳脚多亏了舅舅沈二园的照顾。

他先在钱庄做了几年的学徒，很快就将其中的门道摸得一清二楚。

1858年，席嘏卿有了第一次跳槽的机会，他从钱庄跳到了英商汇理银行，担任收付银洋、帮理账务的工作；第二年，他又一次跳槽，去了沙逊洋行，做了一名会计；1860年，"不安分"的席嘏卿再一次改换门庭，到了另一家英商麦加利银行，成为买办间的一名出纳。

说起麦加利银行我们可能会有一些陌生感，但是提起它的另外一个名字渣打银行，估计很多人都耳熟能详了。虽然席嘏卿没有正式成为外资银行的买办，但是他通过自己几年来的努力，已经具备了一定的经济实力。他不但在上海站住了脚，还把东山老家的继母、弟弟、妹妹等接到上海来团聚。可以说，自席嘏卿开始，席家人才算在上海初步站稳了脚跟。

据现有的资料来看，并没有发现席嘏卿担任外资银行买办的直接证据，但是他从1858年开始就在买办间与洋人打交道这一点是肯定的。按照席氏族谱的排列，席嘏卿他们这一代是"素"字辈（席正甫字素贵），他们的下一代是"裕"字辈。席嘏卿的长子大名席裕康（字锡蕃）就很了不得，先后担任过麦加利银行、华俄道胜银行、中法工商银行等三个不同国籍银行的买办；而席锡蕃的三个儿子、两个女婿也都

"子承父业"，进入了买办这个行业。

席家长房长孙席锡蕃

席锡蕃生于1863年，是洞庭东山席家的长房长孙。他出生的时候，父亲席嘏卿已经在外资银行就职了，他十多岁的时候，二叔席正甫也成了汇丰银行的首席买办。从这个层面上看，席锡蕃出生于一个金融世家并没有错，而且他的一生，几乎一直都在上海的金融圈打拼。

虽然席锡蕃并没有像席正甫那样在上海滩的金融圈乃至中国近代的金融史上声名显赫，但是在他的履历中，我们不难发现他有一项经历比自己的二叔还要出风头——席锡蕃先后在英、俄、法三个不同国家的银行担任买办长达33年，比席正甫服务于汇丰银行30年的记录有过之而无不及。席锡蕃是否在买办的职位上精明强干，像二叔一样让外资银行的老板倚重到不可或缺的地步我们不好猜度，但是从席锡蕃的一些故事中我们可以看出这个人即使不做买办，也绝对是个人才。

席锡蕃与自己的父亲、叔父一样，踏上买办之路的第一步也是从做钱庄学徒开始的。1877年，年仅14岁的席锡蕃就在上海的崇德钱庄当起了学徒，自己摸索做生意的门道以及积累最基本的旧中国金融常识。比起父辈们当年进钱庄做学徒是迫于生计的原因，身为"富二代"的席锡蕃进入钱庄做学徒多了一种"挂职锻炼""暗中摸底"的意味。

俗话说"虎父无犬子""强将手下无弱兵"。出身金融世家的席锡蕃自幼受到父辈的熏陶，做钱庄生意驾轻就熟。仅仅用了两年的时间，他就从钱庄更进一步，迈入了父亲效力的麦加利银行买办间。在这里，席锡蕃开始熟悉买办的日常工作，为自己将来能够加入这一地位高、收入高、从业人数相对较少的"优势群体"而努力。席锡蕃有天赋也不乏韧劲，在麦加利银行的买办间熬到1896年，终于在33岁的时候正式升任该银行买办一职。

席锡蕃没有席正甫"从一而终"的老思想，他曾先后为多家外资银行服务过。换句话说，他利用自己精通外语、交际广泛的优势，让上海滩的多家银行都成为他步步高升的跳板。他在麦加利银行的年收入是三万两白银，这在当时是高收入。可是席锡蕃并不满足，1907年起，他"跳槽"进入了收入更加诱人的华俄道胜银行。

有人可能好奇，难道银行买办是这么容易当的？或者说但凡是席家人，只要想进就能进入上海的任意一家外资银行？实则不然，因为席家的这张"金融网"编织得足够大、足够牢靠，席家的子侄们又从小接受这方面的专门训练，所以他们才能在上海的外资银行界如鱼得水。

原本在华俄道胜银行做买办的是席锡蕃的三叔席素荣。席素荣与两位大哥一样，初到上海，都到钱庄进行过一番打磨，而后凭着二哥席正甫的关系进入汇丰银行的买办间。在汇丰锻炼了几年之后，席正甫认为三弟已经能够独当一面了，在自己还不到退休的时候，就把三弟介绍到了德丰银行做买办。

席素荣的性格和大哥席嘏卿比较像，他也没有一直在德丰工作，而是先后在德丰银行、有利银行以及华俄道胜银行担任买办。1907年，他即将离开华俄道胜的时候，把买办的位置让给了自己的侄儿席锡蕃。

因为有大批东北来的砂金和银条可卖，提成极高，席锡蕃在华俄道胜银行每年的佣金能比往日翻三番。于是，他毫不犹豫地选择了离开麦加利银行，转而到华俄道胜银行继续自己的买办生涯。不过依照席家人的精明本色，席锡蕃这次离开麦加利银行其实并不彻底。他不但把买办的职位交接给了自己的堂妹夫王宪臣，还把自己在麦加利银行买办间工作了六年的长子席颂平带到身边，有意把买办的位置传给儿子，学习二叔席正甫将买办大业代代相传的精神。

不过席颂平后来有了自己的志向，没有按照老爸的意愿继续在外资银行做买办。他在华俄道胜银行工作五年之后，通过家族的关系网离开上海，来到北京的中国银行总管理处任职。在北京工作了两年，对中国银行的运作熟悉了之后，席颂平再次回到上海。不过他没有进入席氏家族熟悉的任何一家外资银行，而是出任了中国银行上海分行的会计主任。据说宋子文在担任国民政府财政部长的时候，就非常欣赏席颂平的业务水平。他曾对中国银行的外汇职工们说过这样的话："你们就听席颂平的，外汇进出都要听他的，谁也不要插嘴，包括行长、副行长。"①

再说席锡蕃在做华俄道胜银行买办之初还是尽职尽责、很有建树的。可是随着儿子北上、远赴中国银行任职，他的心思也渐渐飘忽起来，不大问事了。这就给了另一位精明人惠雨亭机会，这位仁兄总是代替席锡蕃出面与外国老板接触，混了个脸熟。时间一长，外国大班只知道惠雨亭而淡忘了席锡蕃，造成了席锡蕃的买办位置被惠雨亭取而代之的局面。

"惠雨亭"的名字我们在买办圈很少听到，可在一代艺兰大家吴恩元先生1923年所著的《兰蕙小史》中，就不止一次提到过惠雨亭这个人。这也让我们从不同角度得知买办不一定非得崇洋媚外、全盘西化。他们也许对中国的文化非常

---

① 马学强. 江南席家——中国一个经济大族的变迁 [M].北京：商务印书馆，2007：第148页.

痴迷，对中国的君子之风颇有研究。

吴恩元在自己的书中提到了惠雨亭的兰花经历了两次被盗的事情。兰花被盗本不是什么大事，想必冒险进入大户人家偷兰花的小偷也是雅人。难得的是惠雨亭的名贵兰花两次失窃，他都没有报案。吴恩元就问他为什么不报案呢，惠雨亭的回答特别厚道。他说："如果我报案的话，巡捕房一定会把在租界内卖兰花的绍兴人都抓去逐一排查。偷我兰花的人固然可恨，但我不忍心看着数百位无辜的绍兴老乡因为我的兰花被盗而受连累。"吴恩元为此发出了"噫!惠（雨亭）君之言，仁人之言也"的赞叹。

由此我们也可以看出这位惠雨亭先生还是比较善良的人，应该不会做出故意在洋大班面前露脸，有意排挤席锡蕃的举动。估计还是席锡蕃本身的问题，他的大意让自己失去了华俄道胜银行首席买办的席位。谁让他们席家的男人不愁找不到银行的好工作呢！离开华俄道胜银行，席锡蕃马上就找到了新工作——中法工商银行买办。有了被惠雨亭取代的教训，席锡蕃这次没有安排外人做亲信，他把次子席涵深和女婿叶振民安排到身边，处理各项要务。尤其是与洋大班接触这些抛头露面的事情，更是盯得紧紧的，不让别人插手。这样等到他要退休的时候，中法工商银行买办的接力棒自然又交到了席家人的手中。

席锡蕃比席正甫做得更漂亮的地方在于他更加注重宗族的事务。席正甫就很少参加同乡会，也不热衷组织各类宗族活动，他在这方面低调得有些不符合自己的身份了。席锡蕃与二叔不同，他和自己的父亲席嘏卿一样，对家族事务特别热心。席锡蕃在上海做买办之后，还经常回到老家东山参加席氏家族的祭扫活动，对整修席家族谱、祠堂、墓地等也积极捐款，出钱出力。1915年，席锡蕃还出资在老家建造了一座安定塔，塔有七层浮屠、高五丈，成为洞庭东山的一景。如今，席氏家族还能重新凝聚在一起，还能有完整的族谱可查，有相对完善的家族资料留存下来，席锡蕃功不可没。从家族文化的传承角度来看，席锡蕃为席氏家族的"集体记忆"做出了超过其他任何席氏子弟的贡献。

第二节　席正甫尽心教育下一代

　　说完席家长子席嘏卿及其子席锡蕃，我们再来看看席正甫嫡亲的六个儿子如何以"长江后浪推前浪"的姿态进入上海的金融世界。他们是青出于蓝而胜于蓝，还是老老实实按照父辈制定的路线按部就班、踏踏实实地工作呢？最不济还能躺在席正甫的功劳簿上，挥霍享受不是？

　　纵观席正甫的一生，并无大起大落的波折，反倒是成年之后，凭借自身的努力赢得了巨额的财富。虽然他少失怙恃，但尚有兄长、继母、舅父等人帮衬，童年并不算坎坷。再说了，他的身上有席氏家族流传数百年的经商血脉，身后有祖辈累积的财富和人脉，这些都是他日后成家立业、建立席家金融帝国的根基。有了东山豪门大族的出身，席正甫得以迎娶东山另一大族沈乙舟的女儿为妻。强强联姻的结果就是席正甫一家人丁兴旺、家庭稳固，六子二女均婚配得度，为席氏构建庞大的金融世家提供了大量人才。

洞庭席家是传承千年的世家大族，子孙后代们还没出世，名字的一半就被族谱规定好了。一首"辈分诗"就安排好了名字的第一个字，后面还剩一个字来供父母自由发挥。席家的辈分是这样安排的："端本启永祜，绍世存元素，裕德与时行，秉维昌尔祚。"席正甫这一代就是"素"字辈，他的父亲席元乐就是"元"字辈，他的儿子自然就是"裕"字辈了。

席正甫有六个儿子，分别是裕成（号立功）、裕昆（号友于）、裕光（号德辉）、裕美（号云如）、裕安（号燕宜）、裕奎（号聚星）。六个儿子中除了老五裕安早逝之外，其余五个兄弟都继承了父亲的事业，在各大银行独当一面。长子席立功是子承父业最彻底的一个，他在席正甫死后，接任了汇丰银行买办的职位，20年后他又将此美差传给了自己的儿子席德俊（号鹿笙）；老二席裕昆曾担任大清营口银行的经理，他的长子席德薰（号伯虞）做过美国运通银行的副买办；三子席裕光先任英商宝信银行买办，后又担任户部银行（后改名为大清银行）上海分行的副经理，其子席德懋、席德柄都很了不得，一个担任过中国银行的总经理一职，另一个则担任过中央造币厂厂长一职；老四席裕美是英商台维洋行的买办；老六席裕奎经历丰富，先后在户部银行汉口分行、汇丰银行、日本住友银行、英国有利银行担任买办、经理等职。

席正甫自己早年丧父，缺少了父亲在生意经上的谆谆教诲，颇感遗憾。他不想让儿子们和自己一样摸索着成材，很早就开始培养儿子们的生意头脑。子承父业，这是中国历来的一个传统，无可厚非。尤其是在买办这一行，更是讲究"父子相承、传为世业、旁及戚娅"。何况，席氏家族经商求富的传统世代相传，席正甫培养儿子做生意的本领也就顺理成章了。

在教子方面，席正甫秉承着"严师出高徒"的理念，"高标准、严要求"，因此，几个儿子都很怕他。儿子们不能理解，老爸在上海的金融圈都能呼风唤雨了，为什么对自己的管教还那么苛刻。他们不知道，别看席正甫在外面风光无限，心里对自己的受教育程度低还是很介意的。尽管他能够在商场上纵横驰骋，但他没有被自己的光环遮住眼睛，他很清楚地意识到自己接受的教育是不完善的，简单的私塾教育和自学的"洋泾浜英语"①并不能永远满足时代发展的需

----

① 洋泾浜英语，在上海话中，"洋泾浜"泛指学得不伦不类的语言，上海人以前把中国化的英语称为"洋泾浜英语"，也就是发音中带有中国口音的英语。

求。自己能在上海滩闯出名堂，靠的是时运，到了儿子、孙子这里，成功就没有这么容易了。所以一定要让儿子接受更好的教育，让他们有更大的出息。在教育、培养儿子的大方向上，席正甫是双管齐下，一手抓传统教育，一手抓新式教育。这种教育理念在当时是比较先进的，普通人家的孩子能送到学堂念个四书五经就不错了，哪里会想到学英文呢。除了学习文化课之外，席家的儿子们还享受到了上海金融界最成功的买办——父亲席正甫亲自教授的商业技巧教育。

从席正甫对长子席立功的培养上我们不难看出他作为父亲严中含爱的一面。席立功年少之时，席正甫就为他请来了一位教师，让他接受私塾教育。由此可见，席立功还小的时候，就在为长大做买办打基础。咱们现在跟大学生、职场新人谈什么"职业规划"，这在席家的家教面前根本就是"小菜一碟"。人家的职业在娘胎里就注定了，只要是儿子，就能从父亲手中得到一个"金饭碗"。一百年前的买办职位绝对算得上"金饭碗"，尤其是席家相中的银行买办，那更是"千足金"、"万足金"。

席立功稍年长些，他所接受的教育就更加实用了，这可是席家成功的"职业技术教育"啊！一方面是因父亲期待他继承席家多年来的经商传统，另一方面也与当时的教育制度变革有关。19世纪六七十年代，上海出现了采用欧美办学模式的新式学校，包括专门教授英语的英话英字班、英语夜校、英文馆等。为了让儿子学到更正规的英语，席正甫将他送到了一家洋人开办的英语学校学习。就这样，席正甫为自己儿子的买办生涯又打下了坚实的基础，儿子接受的英语教育，是比自己更具系统性、规范性的。

合格的儿子与败家的孙子

席正甫被公认为整个席氏家族的最为成功的买办，同时他也是席家在买办这一领域创业的一代。那么他的儿子、侄子、孙子们继续奋战在各大外资银行做买办，自然就是守业的一代了。人都说"创业容易守业难"，席正甫兄弟们用毕生之力才奠定了席氏家族在上海乃至全国"金融第一家"的地位，这份荣光能在儿孙手中发扬光大吗？光靠纸上谈兵的理论知识武装头脑肯定是不够的，关键还要实践，要参与实实在在的商业活动。简单说，就是"实习"。

普通人家的孩子想进入钱庄、银行实习肯定不容易，可席立功兄弟不是普通人家的孩子，凭借席正甫在上海金融圈积攒的人脉，儿子们想到哪个钱庄、哪家银行都是一句话的事儿。他最早是送席立功到朋友开的钱庄实习，熟悉钱庄业务之后，又把儿子带到自己工作的汇丰银行，跟随左右，着重培养。对于席立功来说，汇丰银行是他接触的第一家外资银行，也是唯一的一家银行。因为从跟着父亲进入汇丰实习的第一天起，他的一生就与汇丰银行紧紧联系在一起。父亲在汇丰银行服务30年，席立功就在那里做了二十多年的买办助理。这样，1904年席正甫去世后，席立功顺利接任了汇丰银行买办一职。从1904年到1922年，席立功也在汇丰银行做了近20年的买办。席立功与席正甫一样，都是喜欢低调的人，他们父子的名头在民间并不算响亮，但对于汇丰银行来说，父子二人都是称职、精干的大买办。

20世纪初，美国人莱特出版的一本名为《二十世纪之香港、上海及其他中国商埠志》成为学者们研究那一时期商情风貌的重要资料。书中不但详细记述了当时的香港、上海、汉口这些港口城市的商业、历史、贸易、工业、资源等情况，也不乏对当时一些商界名流的描述，席立功就是其中之一。莱特这样写道："席立功乃上海著名中外商人所信任之席正甫之长子也。壮年注意商务，于财政尤为熟识，故继其父之志，充当汇丰银行买办，益使汇丰之事业发达也。"①这段评价还算中肯，因为席立功在汇丰任职的时间段正是汇丰逐渐成为中国第一银行的时间段。期间，汇丰银行无论是

---

① 胡波.香山买办与近代中国[J].百年千年，2007（6）.

存款额还是贷款额都是成倍上升的，一方面是时局造成的，另一方面与这位华人买办善于经营也大有关系。

席家父子活跃在买办舞台的时代也是中国政局动荡的时代。席正甫能与李鸿章、左宗棠这些政坛"不倒翁"交好，与盛宣怀、胡雪岩等人喝茶、与上海道台袁树勋结拜为兄弟，是因为朝廷需要向汇丰银行借款，有求于汇丰银行也就是有求于席正甫。席立功没赶上与晚清的高官们欢聚一堂，但他在政治圈也很有影响力，因为北洋政府同样需要向汇丰银行借款。

这里我们就说一段席立功与袁世凯的故事。1911年，一群被称作"革命党"的人在孙中山的带领下发动了辛亥革命，后来袁世凯窃取辛亥革命的胜利果实，坐上了临时大总统的宝座。这个"袁大头"当了大总统还不满足，觉得坐龙椅、当皇帝才过瘾。为了实现自己的皇帝梦，袁大总统不惜向西方诸国借款。有钱才能有军队，有军权才能打造自己的皇帝之路，这一点袁世凯非常清楚。向哪个国家借款呢？袁世凯有些犹豫不决。不是人家不肯借款给他这个中国名义上的最高领导人，而是大家都抢着借给他，而袁世凯不知道该借谁的。不要以为西方的银行都是慈善家，他们是不会无息借款给袁世凯的，每家银行借款合同上都附加着一堆苛刻的条件。

说起与中国政府打交道，汇丰银行可是轻车熟路。想当年，左宗棠西征借款、李鸿章福建海防借款不都是汇丰银行席正甫的手笔吗？席立功仿效其父，积极代表汇丰银行与袁世凯政府接洽，几经奔走，最终拿下了这笔单子。虽然我们在历史教科书上看到这次奔走的结果是英、法、德、日、俄五国"组团"借钱给袁世凯，并以中国全国的盐税作保证。实际上，英资的汇丰银行才是五国银行代表团中的绝对主力。

借款谈判初期，袁世凯本来是不同意拿盐税来做抵押的，毕竟他称帝之后，盐税作为国家最为重要的收入，是要纳入国库的。可是世事不由人，没等袁世凯与五国银行谈妥条件，国内事态就出现了新的变化。"革命党人"在舆论方面口诛笔伐，谴责袁世凯的违法借款，"二次革命"也一触即发。都火烧眉毛了，袁世凯也顾不得什么日后国库的收成，只想快点渡过眼前的难关，及早称帝。以汇丰银行为主要代表的五国银行团见此情景，马上乘虚加价，利用袁世凯正处于进退两难境地的时机，再次提出利己的借款条件。急需用钱的袁世凯被五国银行团"敲诈"一笔，也不敢发作，只能被迫接受。于是，1913年4月27日，一份涉及2500万英镑的《中国政府善后借款合同》问世了，这份借款合同为袁世凯带来了短暂的实惠，也带来了长久的骂名。对汇丰银行来说，这次借款不仅使其获利颇丰，更进一步确认了其在外商在华银行界中的领袖地位。

席立功鞍前马后全盘跟进此次借款，功劳可与席正甫当年揽下"福建台防借款"相媲美。区别是席正甫做的是开创性的业务，为汇丰银行第一次和晚清政府之间的合作牵线搭桥，而席立功是模仿，从某种意义上说，席氏父子对于汇丰银行中国区事务，犹如汇丰银行对于中国的外资银行界，都是中流砥柱般的重要所在。

1922年，席立功到了退休的时候。他也像父亲一样，将买办职位顺利传给了自己的儿子席鹿笙。

席正甫是辛苦创业的一代，席立功是本分守业的一代，席鹿笙就是货真价实的"富三代"。他不费吹灰之力就得到了人人眼热的汇丰银行首席买办的职位，却没能在这个位置上好好地展示自己的价值。这也可以理解，人们对于太容易得到的东西，往往不懂得好好珍惜。爷爷席正甫是从银行跑街做起，一步一步从王槐山手中接过了汇丰银行买办的大旗；爸爸席立功是从汇丰银行的买办助理做起，跟在爷爷身边学习了20年，才得以转正；席鹿笙自己，一出来做事就登上了很多人一辈子难以企及的高度，命运如此安排也不见得是什么好事。

果然，席鹿笙后来的做派让他成为席家的一朵奇葩。在上海滩，时人谈到席鹿笙公子的大名，都知道这是一位花花公子，反而忽略了他是汇丰银行买办的事实。实际情况也是如此，席鹿笙这个大买办只是挂个名，每天到买办间象征性地坐一会而已。他并不擅长家族传承的经商技艺，也不习惯与外国人打交道，买办间的业务都是副买办龚子渔在打理。汇丰银行大班对此也已经习以为常，以至于后来席鹿笙被枪杀之后，大班还不以为然，指着正在工作的龚子渔说："买办不是正在办公吗？"[1] 人家没说出的潜台词是"席鹿笙死了，关我们汇丰银行何事？"可见，席鹿笙早已地位旁落，与祖父、父亲无法相提并论。

---

① 马学强.席氏家族与上海[J].中国企业家，2006（12）：第20页.

第三节　火力十足的"姻娅联盟"

古代帝王为同周边国家建立和睦关系或使小国归顺于他，往往愿意以出嫁公主或迎娶他国公主的方式，与其结为姻亲之好，这可以说是古代中国十分重视的一种"姻亲外交"政策。事实证明，国与国之间结下姻亲之好，对双方关系的改善、两国百姓的安居乐业都起到了重大作用。"昭君出塞""文成公主入吐蕃"等历史上的几次重要联姻，都换来了边境长达几十年的安定与繁荣。

联姻这种方式在国与国之间的交往中如此见效，在民间也是备受推崇。尤其是世家大族之家，为达到某种政治目的或者为建立长久的盟友关系，也经常拿儿女们的婚事来说事儿。作为经商世家的洞庭席家，他们会忽略这种"投资小、见效快、收益高"的结盟模式吗？

早年的席氏家族，其家族成员未外出经商前，婚姻状况表现出了一定的局限性，主要在洞庭东山内部几大姓氏之间通婚，方圆不过数里。后来席家人外出做生意，人际交往范围不断扩大，他们接触了外界更多的新事物、新群体，婚配状况也就随之发生了改变。他们会在数百里之外的经商地或流寓地娶妻、生子，他们的婚姻圈开始围绕着经商活动的展开而不断变化。而在异地婚配，席氏家族之人也很重视门第的问题，他们对姻亲关系往往有更长远的考虑，既要与己相投，又要符合家族发展的长远利益。尤其在席家子弟来到上海后，他们与其他家族的联姻方式则更加符合家族间的商业利益。

　　换句话说，洞庭席家之所以成为江南望族，屹立千年不倒，除了席家本身善于经营之外，通过儿女们的婚嫁关系不断地与其他大族结交，形成盘根错节的"姻娅联盟"也是一大重要因素。近代中国社会学家和优生学家潘光旦先生曾说望族形成的原因除了环境的条件之外，还有遗传的原因。遗传又来自两方面的因素，一是血缘，二是姻缘。席家人用实践证明席氏家族不但注重父系的血统，对选择什么样的人家结为姻亲也很重视。

　　席正甫为人低调，很少参加社会公共活动，连同乡联谊会都不露面，但这不代表他不重视关系网的编织。相反，席正甫比大多数人更清楚拥有广泛的人脉对于事业的成功会有多么重要的推动作用。不过，相对于一般人费心经营的"泛泛之交"，席正甫是不会考虑的，他更注重人脉的"含金量"。席氏家族坚持"联姻"形成的姻亲关系就比一般的点头之交更加稳固、长久。隐身幕后，花费数十年中的精力默默编织一张庞大的家族网络，这就是席正甫的过人之处。

席家与另外一个买办世家沈家的关系盘根错节，因为席家和沈家都是洞庭东山的世家大族，几百年来通婚的男男女女肯定不少。就席正甫来说，他最早接触的沈家人是自己的继母，继母对席正甫兄弟视如己生，席正甫成年之后，也是娶了沈家女儿。当然，虽然席沈两家多有通婚，但绝对不是近亲结婚。

"沙逊老四"席素恒

与沈家关系最复杂的不是沈家嫁到席家的女子，而是席正甫的同父异母的四弟——继母沈氏所生的席素恒。我们多次提及的沈二园舅舅膝下无子，就把这个亲外甥过继到他名下，改名沈吉成。据说大哥席嘏卿一开始还不同意弟弟改姓。他性格比较保守，本着"长兄如父"的思想，打算替父亲维护席家子弟血统的纯正。而席正甫认为舅舅对四弟不错，席家儿子多，过继一个给舅舅也不算什么损失。即便是改了沈姓，四弟身上不还是流着席家的热血吗？可能是有了这一层原因，沈二园对席正甫暗含感激，对这个善解人意的外甥格外照顾。

席素恒从12岁开始来到舅舅家，用沈吉成的名字过上了另外一种生活。他比席正甫和席龁卿幸运的是有了"舅舅兼爸爸"的关照，从生活到学习再到就业、完婚，都有沈二园的精心操持。沈二园在沙逊洋行做买办，沈吉成成年之后继任此职位。按照席家四兄弟的排行，沈吉成排行老四，所以他去沙逊洋行做买办之后，得到了一个"沙逊老四"的外号。

既然要提席氏家族在上海滩的势力，就不能不提"沙逊老四"为之做出的贡献。沙逊洋行是靠贩卖英国纺织品和印度鸦片起家的巨富洋行，与怡和洋行、太古洋行以及英美烟草公司地位等同，是英国资本在近代中国的四大垄断集团之一。沈二园就是沙逊洋行的第一代买办，连同沈吉成还有沈吉成的儿子，三代一起在沙逊洋行买办的位子上干了35年。与如此强势的沈氏家族联姻，就是现在商业常说的"强强联手"。血缘和姻缘的结合让两家的关系更加密切，生活中你来我往，生意上也是互通有无。席家与沈家走动频繁也带动了沙逊洋行与汇丰银行越走越近，一个金融业的"老大"，一个工商界的"霸主"，一旦发生"善意的碰撞"，彼此有心照顾对方的生意，对双方的业务增长都有极大的好处。

庞大的关系网络是席家的隐形资产，能带来无形的好处，也有真正的实惠。一些银行界的同仁就十分羡慕席家的关系网，对他们之间的通气合作眼红不已。他们说："沙逊老四曾经得到消息，说上海租界要扩大，他马上把消息透露给了其他三个席家兄弟。不久以后，他们买的地皮涨了几十倍。"[①]沙逊洋行做鸦片生意起家没错，它的房地产生意也做得很大，通过沈吉成得知这点内幕消息当然是小意思了。

席家关系网中的其他名流

与席家子弟同时代活跃在上海滩金融圈的买办们，很多都与席家子女有着姻亲关系。浙江湖州人许春荣就是其中一位。湖州许家是近代著名的买办世家，比席正甫小一岁的许春荣就是这个买办家族的族长。许春荣在上海滩名气颇大，以经营纺织业和钱庄业闻名于世。许春荣的女儿嫁给了席正甫的三子席裕光，两家有着数代的交情。

许春荣与席正甫有不少共同经历，都是先开钱庄，后来做了买办。席正甫进入汇丰银行前是一家刚有起色的钱庄老

---

① 雷晓宇.金融豪门 洞庭席家［EB/OL］.中国企业家网，2006-06-29.

板。许春荣则是七家联号钱庄的老板，比席正甫经营的还要成功。他属于外商青睐的那种人脉、财富、信用资源都很丰富的"地头蛇"类型，很快就被外资银行高薪聘为买办。

许春荣被德华银行和花旗银行争相聘请。对此许春荣自有办法，他不能身兼两职，就让自己的两个儿子去这些银行做事，一家银行用一个儿子坐镇。许春荣的长孙许葆初曾任美国汇兴银行、运通银行买办。许春荣在上海滩的名望几乎赶上了席正甫。不过，这两个聪明人并没有因此而相互排斥、嫉妒，相反，他们之间倒因业务往来较多而关系密切。"合作"、"双赢"、"寻求利益最大化"是他们共同的追求。事实也是如此，许家与席家结亲之后，两家的友好关系更上一层楼，他们相互扶持，相互帮助，成为十里洋场中声名显赫的两大买办之家。

席德懋、席德柄两兄弟就是席正甫的孙子、许春荣的外孙。也是这两个人把席家与民国的政坛显贵们联系到了一起。席德柄在美国读书期间，与宋子文是同学。他后来担任过江苏海关监督和上海中央造币厂厂长等高位。

席德懋毕业于上海南洋公学，还曾赴英国伯明翰大学深造，获得商科硕士学位。回国之后，他担任意大利华义银行上海分行的经理，与弟弟席德柄一起经营国际汇兑业务。他与宋子文私交甚好，他的女儿就嫁给了宋子文的弟弟宋子良。宋庆龄也在家信中提过这位席家女儿，说弟弟"同银行家席德懋的女儿结了婚"云云。

宋子文当了国民政府的财政部长之后，也没有忘记两位席姓的老朋友。席德懋经宋子文的引荐，辞去华义银行买办的职位，先后就任中央银行业务局局长、外汇局局长以及中央银行的总经理一职。1941年，席德懋与上海商业储蓄银行行长陈光甫先生一起赴美，接洽美国对华经济援助事宜。蒋介石对席德懋这位来自金融世家的专业人才很重视，在下野隐退溪口的日子还不忘约见席德懋，商讨中央银行与中国银行外汇债券处理一事。

华俄道胜银行的买办胡寄梅也是席家的姻亲。席正甫的舅舅娶了胡寄梅的姑母，胡寄梅的儿子又娶了席正甫大哥的孙女。这种错综复杂、亲上加亲的关系谁能分得开？胡寄梅祖籍安徽绩溪，出身于商人家庭。他也是长期经营钱庄，在上海金融圈很有影响力，被洋人看中，当上中华汇理银行买办。后来他又先后担任过英国有利银行、俄国华俄道胜银行、比利时华比银行的买办。他的长子胡筠籁出任日商三菱银行买办、次子胡筠秋继任华比银行买办、三子胡筠庄曾当过德国德华银行的买办。

王宪臣兄弟在上海的银行界也颇有名气。苏州王家也是当时的商业大家族，老太爷王汉槎曾开设钱庄、绸缎局等众多商铺。儿子王宪臣娶了席正甫四弟沈吉成的女儿，同时他的女儿又嫁给席正甫儿子席裕昆做妻子。席裕昆早期经商，离不开岳父王汉槎与妻子的帮助。那时，岳父经常将自己商号的业务交给席裕昆独自处理，希望裕昆在实践中多多锻炼，为今后驰骋商场做足准备。而当时的席家，也已因席正甫的原因在上海滩赫赫有名。席正甫在整个上海生意场上的名望越来越高，这无疑也会对亲家王汉槎一家的生意带来诸多便利之处。王宪臣先在英商中华汇理银行做买办，后来因为岳父的关系，进入沙逊洋行做副买办。1907年，席锡蕃卸任麦加利银行买办一职后，王宪臣又补了这个空缺。他的弟弟王俊臣也是买办，先在汇丰银行买办间跟随席正甫父子工作，后来担任美国花旗银行买办。

粗粗梳理，我们不禁惊叹于席氏家族的关系网。有着如此庞大的姻亲队伍，如此众多的金融人才，怪不得席家是上海金融圈的翘楚。席氏家族成员的婚姻背后体现出来的，已不仅仅是姻缘本身的问题，更多的是席家与结亲家族间商业利益的问题。事实上，这样的"姻缘联络"对各个家族的经商都有很大好处，他们之间的业务往来、资金周转、相互参股、合作经营等，都能使各家族的商业繁荣局面维持得更加长久、稳定。或许，这也是席正甫及其子孙后来能长久驰骋洋场的一个重要原因。而沈、王、许等几大家族，也是帮助洞庭席家在上海撑起一片天的重要力量。

在生意场上，家族成员的团结凝聚，无疑会对整个家族的商业利益带来积极影响；相互猜疑、相互抵制等，都很容易造成两败俱伤或多方利益受损的结局。整体来看，席正甫兄弟及他们的子孙后代的确是明智的，他们选择了家族成员间相互扶持，用强大的凝聚力共同抵制外部势力，最终促成了商界新势力的形成，即洞庭东山帮的崛起。

可以说，作为汇丰银行买办的席正甫，某种程度上代表了席氏家族以及洞庭东山帮在上海金融界的崛起。重视对族中子弟的培养、严格把关家族的姻亲关系、极力维护东山商帮的整体利益，或许这就是席家富贵世代相传的秘密。

本章主要参考资料

［1］马学强.江南席家——中国一个经济大族的变迁［M］.北京：商务印书馆，2007.

［2］刘诗平.雄霸上海滩［J］.财经国家周刊，2012（4）.

［3］胡波.香山买办与近代中国［J］.百年千年，2007（6）.

［4］袁世凯善后大借款［N］.人民日报2003-08-01.

［5］马学强.席氏家族与上海［J］.中国企业家，2006

（12）．

［6］雷晓宇．金融豪门 洞庭席家［EB/OL］．中国企业家网，2006-06-29．

［7］张秀莉．近代上海买办家族的谱系［N］．东方早报，2012-07-31．

第六章

曾经同台不同戏的大腕们

乱世出英雄，古人诚不我欺。清末民初就是一个英雄辈出的时代，政界、军界、思想界暂不必说，单看商界也是热闹非凡。如果把这段时间看作同一个背景的大舞台，那么在这个台上有过几多没有同场演出却同样重量级的明星大腕？席正甫、朱葆三、虞洽卿、唐廷枢、徐润……不同的名字背后都有着相同的精彩。

第一节　朱葆三 ——比道台更拉风的 商人（一）

我们知道席正甫风光的岁月中，与上海道台袁树勋换帖结拜是一大亮点。他在上海做生意，还能与上海的行政长官称兄道弟，由此可见，席正甫的影响力很强大。要知道席家世代经商，并不是官宦人家，他与袁树勋能交好可不像做成一笔生意那么简单。在官本位时代，官、商是两个不相关的群体，一般情况下都是官员高高在上，而商人的地位远远低于官员。幸好席正甫活跃的时候，洋行、买办已经被社会接受，还因为他们掌握了大量的财富，成为人人羡慕的阶层。另外席正甫由于多次促成清政府与汇丰银行的借款事宜，授二品顶戴、穿黄马褂，成了货真价实的"红顶买办"。有了这一前提，席正甫与晚清高官们平等交往才成为可能。

据说袁树勋与席正甫结拜之后，还邀请席正甫的次子席裕昆来道台府做账房先生。这一安排真是漂亮，表面上是给席正甫的公子提供一个锻炼的机会，其实也为他自己创造了不少便利条件。因为有了汇丰银行大买办的儿子在道台府管理财政，整个上海道台衙门口凡是涉及汇丰银行及其他外商银行的账目都好办了许多。席正甫对此也持喜闻乐见的态度，毕竟汇丰银行在上海开门做生意，有上海道台照应，诸多方便之门都能为他打开。

说起来，席正甫与袁树勋合作愉快，不能忘了给他们牵线搭桥的另一位买办——朱葆三。能同时结交袁树勋和席正甫的自然不是一般人，这位朱葆三就有着"买办中的买办"之称，他与席正甫一样，在近代买办史上占一席之地。

朱葆三，原名佩珍，字葆三，浙江定海人，是近代著名买办，同时也是"宁波帮"的代表人物之一。朱葆三生于1848年，比席正甫年轻10岁。他于19世纪90年代开始做买办，比席正甫投身这一行的时间也晚了十几年。因为同在上海买办圈，他们之间的接触比较多。朱葆三不同于席正甫的低调，他对在公开场合抛头露面比较感兴趣。曾任上海总商会会长、全国商业联合会会长、宁波旅沪同乡会会长等职。

席正甫的投资兴趣并不广泛，他只喜欢在自己熟悉的金融领域赚钱。钱庄、银楼等是他的"菜"。朱葆三的"胃口"极好，投资领域极广，从赖以起家的五金业到银行、保险公司、航运公司、自来水、水泥、煤矿、电气、面粉、造纸、榨油、毛绒、纺织、新闻事业，几乎无所不包。尽管朱葆三在不同行业的投资金额不同，但广撒网的好处是他赢得了近代中国著名工商业民族资本家的称号，朱葆三家族也有了庞大的家族企业集团。

朱葆三的父亲是大清绿营的中下级军官，生活水平中等，比上不足、比下有余。这样的条件吃饱穿暖不成问题，但想要接受高等教育就有点难了。朱葆三只念过几年私塾，小学还没毕业，父亲就病死了。少了家庭支柱，朱家的境况越来越难。朱葆三14岁的时候，母亲托人把他带到上海，进入一家五金铺做学徒。这是一家专营"吃食五金"的商店，名为"协记"。所谓"吃食五金"就是出售洋酒罐头食品兼营日用小五金。别看"协记"规模不大，但利润不小，能在这里做学徒也是需要"竞争上岗"的。

学徒生涯让朱葆三学会了与顾客打交道的技巧和一些商业管理的基本知识。他聪明勤奋，深得店主赏识，就连店里的账房先生也乐意在闲暇时间教授他一些珠算、语文、记账、大楷等课程。朱葆三虽然年纪不大，但头脑灵活，他注意到五金行大都经销洋货，与外商洋行打交道的机会比较多，能掌握几句"洋泾浜英语"的话，能给工作带来不少便利。他上不起专门补习英语的夜校，就把每月的学徒工资交给其他上得起夜校的朋友，请人家下课后转教给他几句夜校英语。这种努力没有白费，他掌握了一些基本的英语会话，并帮助"协记"谈成了几笔洋商生意。店主很器重朱葆三，便提拔他为总账房和营业主任，当时，朱葆三才17岁。三年之后，又让他接替了经理的职位。20岁的五金商店经理手段灵活，做人处世表现出来的成熟沉稳让很多商场老手都自叹不如。做五金商店经理的经历为朱葆三日后驰骋洋场打下了基础。

羽翼丰满之后，朱葆三开始"单飞"，他在上海外滩独资经营起"慎裕"五金店。认识"五金大王"——同乡叶澄衷之后，在叶的建议下，朱葆三将"慎裕"搬到了当时更为繁华的四马路。新五金店的规模和气派，决定了朱葆三将在上海商圈一飞冲天。

第二节　朱葆三——比道台更拉风的
商人（二）

在近代中国，五金业是进口洋货业中最为活跃的新型商业之一。在经营五金店的过程中，朱葆三也兼营其他进口贸易。由于经营得法，"慎裕"五金店生意红火，朱葆三逐渐成为上海五金洋货业的头面人物，并与一大批洋行大班们关系密切。

这时，英商创办的平和洋行在上海滩挂牌，起初只是一家皮包公司，资金少得可怜。但仅仅几年的工夫，平和洋行不但自建起办公用房、仓库，还陆续创立了打包厂、酒精厂、机器厂等，成为在上海的英商"十大企业"之一。于是，平和洋行也开始物色合适的买办人选。

它们需要的不是一般意义上的业务代理人，而是一位在上海商界有着较高声望的人物。平和洋行要借这个买办抬高自己的身价，提高其在上海滩乃至整个中国的知名度，以开拓更为广阔的市场。

朱葆三凭借其在上海商界的威望被平和洋行视为理想的买办人选。当平和洋行的大班登门请朱葆三出山时，他很爽快地答应了。不过，朱葆三这个买办当得有些与众不同，他不必像其他同行那样，定期向外商老板提供本行业或其他经济方面的情报，也不必绞尽脑汁、想方设法地推销洋行产品，更不必向平和洋行交纳保证金。他只需坐在自己慎裕五金行的办公室就行。洋行有事的话，大班会亲自上门商量的。朱葆三一边打理自己的五金生意，一边领着洋行的薪金，人们不无羡慕地称他为"买办中的买办"。只有在洋人们庆祝圣诞节时，朱葆三才会去一趟平和洋行，向洋大班们说一声"Merry Christmas！"（圣诞节快乐）。在洋人高人一等的时代，朱葆三的"牛气"让其他靠外商吃饭的买办们分外羡慕。

只做五金业的领袖无法满足朱葆三的成就感，他转而向金融业进军。在投资新式银行的过程中，朱葆三与金融业的"大拿"席正甫熟识起来。他参与创办了中国近代第一家信托公司、第一家银行、第一家中美合资银行、第一家保险业团体。其中参与创办中国通商银行的时候，与席正甫开始打交道。中国通商银行是他们的共同好友盛宣怀主持筹办的第一家中国近代银行，席正甫协助盛宣怀筹办，朱葆三作为个人投资者入股通商银行，成为该行"十大总董"之一。

朱葆三与政界保持良好关系，也要从袁树勋说起。他与袁树勋是莫逆之交，相识于袁未发达之时。二人初见，袁树勋还只是上海县署的主簿，主要掌管县署的典籍、机要文件等，差事很轻松。而朱葆三的慎裕五金行正好在县署附近，袁树勋闲来无事四处溜达的过程中就遇到了朱葆三，几次闲聊后，两人间的往来逐渐频繁起来。几年后，袁树勋时来运转，步步高升，官至苏松太道、上海道，并在1900年经手了"庚子赔款"事宜。

袁树勋需要一个人帮他打理"庚子赔款"，朱葆三便带着慎裕五金行的账房赶去了道台衙门，帮袁树勋顺利处理了赔款事宜。经过此事，两人的关系更加密切。当时，清政府将通商口岸的海关关税都交由上海道经手，然后归还外债赔款。这笔巨款在上海道停留的时间长，是上海各大钱庄争抢的"香饽饽"。钱庄老板们登袁树勋的门不容易，到袁树勋的至交好友朱葆三的"慎裕"五金行却很容易。一时间"慎裕"五金行坐满了钱庄的老板们，大家把这里当成了沙龙，喝茶聊天洽谈业务者比比皆是。也亏得朱葆三长袖善舞，才能应付如此场面。一般来说，只要某钱庄得到朱葆三的保证，那笔款项就能八九不离十地轮到自家钱庄保管。以五金店老板的身份成为掌握政府巨款拆放大权的权威信贷人物，唯朱葆三一人。

朱葆三是买办不假，但他从来就不是一个单纯的买办。从经营第一家五金行开始，朱葆三就一直坚持"多条腿走路"的模式。百年前的上海滩，不管是在金融界还是工商业界，朱葆三都是让别人"背靠好乘凉"的那棵"大树"。他的名声和资产是成正比的，带给社会的影响也以正能量居多。他是上海滩的"闻人"，与社会各个阶层的人都能打成一片；他守信用、讲义气，这两种品质让他备受尊重；他爱惜自己的名声，赈灾、办学、修路等慈善事迹经常出现在《申报》的报道中。这样一个善于经营自己的人，想不成功都难。

在朱葆三的引荐下，席正甫也成了袁树勋的座上客，两人相谈十分投机，最后竟成了换帖的兄弟。不过，席正甫与袁树勋之间的往来，多半是有益于他们所代表的利益团体的，即促进了汇丰银行和上海地方政府利益的共同发展。

第三节 虞洽卿——善于调停的
"老娘舅"

旧上海公共租界里的道路名大多以中国的行政省市名取名，比如南京路、宁波路、汉口路、福建路等。也有一些是以外国人名命名的，如华德路（长阳路）、戈登路（江宁路）、文监师路（塘沽路）、派克路（黄河路）等。其中一条马路，也只有这一条，是正式以中国人的姓名命名的，那就是"虞洽卿路"，即后来的西藏中路。虞洽卿，何许人也？

虞洽卿，买办资本家，名和德，字洽卿，浙江慈溪人。1892年，25岁的虞洽卿从德商鲁麟洋行的跑街做起，历任鲁麟洋行、华俄道胜银行、荷兰银行买办。他是中国近代史上的一位风云人物，一生经历、见证、参与了许多的重大历史事件。20世纪上半叶，虞洽卿作为上海滩的闻人经常见诸报端。他的黄金岁月出现在席正甫去世之后，他做买办的时间却正好和席正甫同台。

我们所熟知的买办当中，虞洽卿的出身应该是最悲惨的。他7岁丧父，靠母亲给别人做针线活勉强度日。朱葆三、席正甫也都年少丧父，但他们好歹还能读几年私塾，虞洽卿连这点机会都没有，贫寒的家境让他不敢踏入学堂的大门。当然，虞洽卿也是幸运的，因为同族的私塾老师看他聪明伶俐，就免费收他做学生，不过只能在下雨天不能出门干活的时候，他才有机会跟随先生读书，这叫"读雨书"。有句话说"金鳞岂是池中物，一遇风雨便化龙"，虞洽卿就是这种人。仅仅三年的"雨书"底子，就为虞洽卿日后叱咤风云奠定了基础。

不单是虞洽卿，很多我们熟知的成功人士年少的时候都没有机会读书，但他们是社会这所大学历练出来的高材生，不论情商、智商还是逆商、财商都是上上之选。比如华人首富李嘉诚，他因为生活所迫，只是小学毕业，可念不起中学的他始终没有放弃过自学，一直到现在也在坚持年轻时养成的读书看报的好习惯。

虞洽卿小时候到商行去做学徒，过早地步入社会，极大地锻炼了他的心智；机灵的学徒察言观色、八面玲珑也是必修功课，这些经历都在为虞洽卿将来成为"调停达人"暗暗加分。

从颜料行学徒到洋行买办

1881年，14岁的虞洽卿来到上海瑞康颜料行做学徒。他与颜料行老板的相识过程经过世人的演绎，成为一段经典的段子——"赤脚财神"。日后虞洽卿发迹，这个故事在宁波人当中广为流传。

据说虞洽卿当时只身来到上海，适逢天降大雨，他怕踩湿了母亲做的布鞋，就把鞋脱下来揣在怀里。走到瑞康颜料行的时候，还不小心摔了一跤，背朝下、手脚朝天的样子活像一只"大元宝"。这个样子，正好被老板奚汇如看见。原来奚老板夜里做梦，梦见"赤脚财神"进门了。虞洽卿的相貌就和梦里的财神有几分相似，更巧的是他没穿鞋赤着脚进的店，摔那一跤的样子也像个"元宝"，这些巧合凑到一起，让虞洽卿一下子就获得了奚老板的好感。

瑞康颜料行是一家经销进口颜料的小门面，虞洽卿进店后就拜店老板为师，做起了小学徒。他进店后的两三年内，瑞康颜料行发展很快，从一家年营业额只有800两白银的小店面发展成为年盈利2万多两白银的中等颜料行。虞洽卿因工作勤快、应对灵敏、善于招揽生意而在同业中初露头角。其他颜料行的老板们听说瑞康颜料行这个小跑街的事迹之后，都来挖奚老板的墙脚。看到自己相中的"赤脚财神"如此受欢迎，奚老板更是极力挽留，用不惜加薪、赠干股等办法笼络虞洽卿。

因为工作原因，颜料行与洋行经常打交道。虞洽卿与洋行买办们接触很多，看他们收入丰厚、出手阔绰、出有好车、住有豪宅，非常羡慕。为此他利用业余时间到青年会学习英语，还趁节假日到城隍庙等处为外国游客做导游，借以练习口语会话。他25岁那年，苦心学习的外语有了用武之地。经过同乡族人虞芗山的介绍，他当上了德商鲁麟洋行的跑街，不久便升为买办。虞洽卿做买办的时候，席正甫早已成为上海买办圈的一座里程碑，多少人都是以他为榜样，才进入买办这一行的。

鲁麟洋行的经营范围很广，基本上什么赚钱就经营什么。他们进口工业品和原料，出口土产日杂和手工业品，西药、军需品、大豆、桐油、火柴、纽扣、陶瓷、蚕丝、刺绣、玉器、茶叶、爆竹都在鲁麟洋行的订货单上。如此零碎的业务，如果买办没有很强的业务能力就很难理顺。虞洽卿恰恰就是这样八面玲珑的人才，不管多么复杂的订单，他都能处理得井井有条。

在洋行工作有一个好处就是能者多劳，多劳多得。虞洽卿经手的项目多，且每一项都有佣金抽取，加上不菲的薪金，虞洽卿腰包渐鼓。有钱之后，他自己也开始做些买卖，比如做进出口生意以及投资房地产等。如果百年前有"打工皇帝"一说的话，估计席正甫、虞洽卿等人早就有了这样的头衔。难得的是，席正甫也好、虞洽卿也好，我们知道的所有有名的买办都没有单纯地为洋行"打工"，他们都在利用一切机会，经营自己的生意。

1902年，虞洽卿离开鲁麟洋行，当上了华俄道胜银行的买办。刚刚做了一年，一个新的机会就降临到他的面前——1903年，荷兰银行在上海新设分行，邀请虞洽卿就任买办一职。虞洽卿对比了两家银行给出的条件，来到荷兰银行，协助荷兰银行办理发行纸币、进出口押汇等业务。由于虞洽卿在上海滩的身份超然，荷兰银行在中国的发展颇为顺利。有什么麻烦事，只要大买办虞洽卿出马，都能解决。于是1929年，荷兰政府给虞洽卿颁发了勋章，还将一座由荷兰皇室保存了200多年的自鸣钟赠送与他。

虞洽卿高超的调解能力

虞洽卿在上海滩声名鹊起，不仅因为买办当得出色，而且因他拥有超乎寻常的"调停能力"。长江三角洲一带，人们管善于调解纠纷的人叫作"老娘舅"。通常情况下，"老娘舅"都是公选出来的有威望、而且讲公道的年长者。虞洽卿算是个例外吧，他不到40岁，就成了上海滩最著名的"老娘舅"。尤其是他成功调停了"四明公所事件"①和"大闹公堂案"之后，几乎没有人怀疑他是最具备斡旋能力的中国商人。

"大闹公堂案"发生在1905年初，那一年虞洽卿这位"老娘舅"才38岁。此案激发了华人和英国人之间的矛盾，影响极大，轰动全国。事情的起因本来很简单，就是一位来自四川的官太太带着丫鬟、女佣一大群人，浩浩荡荡地来上海游玩，结果被英租界的巡捕以贩卖人口罪抓了起来。因为案件涉及两个国家，得到了社会的广泛关注。

公审的时候，两方争执起来。英国人先是撕破了中国陪审官关絅之的朝服，继而围观的中国人烧了巡捕房，英国巡捕马上还击，不但开枪打死几个"闹事者"，还一下子抓了500位中国人。中国人愤怒了，罢工的罢工、罢市的罢市、

---

① 四明公所事件，四明公所是旅泸宁波籍人士的会馆兼公坟，创建于1797年，后被划入上海法租界内。因法租界公董局认为四明公所的坟墓有碍卫生、传播疾病，遂提出修一条穿越四明公所的道路而迫使其迁出租界。而虞洽卿联合洗衣业领袖沈洪赉，带领上海全市洗衣工人拒绝为法国人服务，以此向法租界施压，最终达成和解。

游行的游行。事情到了这个地步，起因已经不重要了，争口气才是中英双方揪住不放的主题。

　　谁能化解这场矛盾，谁能平息双方的怒火？这的确很困难。虞洽卿在这个时候站了出来。他是华商中最有实力的"宁波帮"的头面人物，又做过德国、俄国、荷兰等国在华银行的买办，同很多外国领事馆的人都打过交道，有他出马再合适不过了。

　　果然，在虞洽卿的奔走之下，华人方面都给虞洽卿面子，做出了让步；德国、俄国、荷兰的公使们一起给英国领事台阶下，英国方面也不好得罪这么多"自己人"，只好将肇事者撤职查办，并向中国人道歉。这是上海开埠之后，所有的中外纠纷中，中国人的第一次胜诉，所以当它圆满解决之后，虞洽卿的声望达到一个新的高峰。他和上海道袁树勋、租界大法官关絅之一起上街劝说商家开门营业，这份荣耀可不是单纯的买办就能获得的。据说当时他们三个人上街时的队形很特殊，是袁树勋和关絅之走在两边，把中间的位置让给了虞洽卿。我们可以说这两位清政府的高官是在作秀，可是若没有虞洽卿这样高超的调解能力，与中外两方直接对话的能力，即便想秀一把，也得有人给你机会啊。

　　1924年，虞洽卿当选上海总商会会长的故事也很有意思。别看虞洽卿的名声很响，可他的经济实力在上海还排不上前几位，这个会长的位子离他还很远。当时到了新一轮会长选举的时间，两个候选人分别是中国银行的宋汉章和通商银行的傅筱庵，虞洽卿连候选人的资格都不够。可他通过一番努力，竟然还真就得偿所愿，把两个背景、实力都很深厚的候选人挤兑下去，自己当了这个会长。上海是全国的经济中心，在上海总商会站稳脚跟之后，虞洽卿乘胜追击，又拿下了中华全国总商会会长一职。

在抗日战争期间，虞洽卿的义举超越了一个买办商人的局限，从人道主义方面展示了他的正能量。他发起了"救济会"，自己出任会长，为流民提供住所和衣食；为了阻断日军从海上进入上海，虞洽卿毅然同意炸毁他的三北轮埠公司大大小小80多艘船只，堵住航道，延缓了日本的进攻；上海变成孤岛之后，虞洽卿又利用自己与外商交好的身份，与意大利商人一起组建了中意轮船公司，从东南亚等国运来米粮卖给上海各米店，解决了不少人的吃饭问题。

1945年虞洽卿病逝于重庆，安葬于故乡龙山。他的故居天叙堂有一块国民政府颁发的"输财报国"的匾额，似乎在诉说着主人昔日的壮举。

虽然这些都是席正甫去世之后的事情，不过他应当欣慰，这位曾经的买办同行用不一样的方式证明了买办不仅仅会帮助洋人挣钱，他们也有浩然正气，也有为民族大义挺身而出的时候。

虞洽卿与蒋介石相识时，蒋介石尚未崛起，两人的关系密切。这一点很难说是幸运还是不幸，自古"伴君如伴虎"。与蒋介石的关系是虞洽卿心中的一个结，同时也是那个时代江浙财阀们心中共同的结。他们本来以为资助同乡掌握政权，会给商人争取到更多的利益，没想到的是这位老乡野心太大，上位之后，反倒用官僚资本来冲击这些纯粹的商人资本。还是席正甫有先见之明，与官场保持距离，不但保全了自己，也保全了家族的财富传递。

虞洽卿和席正甫最大的不同还在于身份——席正甫终其一生，都在买办的圈子打拼，他做到了一位金融界买办的极致；买办却只是虞洽卿事业的起点，当他通过买办积累了一定的社会资本之后，眼界开阔了，雄心更大了，他最渴望得到的不再是财富而是社会各界的肯定。从"逐利"到"求名"，说不上哪一种追求更加高级，但虞洽卿和席正甫无疑都是各自道路上的领跑者。

第四节　"四大买办"中的另三位

唐廷枢、徐润、郑观应与席正甫一起被称为"晚清四大买办"，可见他们四个人在近代买办史上的地位相当、贡献相当、实力相当。这四大买办都与李鸿章交情匪浅，但只有席正甫是通过汇丰银行帮助李鸿章筹款，解决燃眉之急，其余时间都刻意与官场保持一定的距离。其他三位则被李鸿章招致麾下，与洋务派的轮船招商局的命运紧紧绑在一起。

虽然年龄相当，可席正甫做买办的时间晚于唐廷枢、徐润等人。席正甫正式当上汇丰银行买办时，唐、徐已经在轮船招商局效犬马之劳了。同时代的顶级商业人才没能同台碰撞，多多少少让后来人有些遗憾。

能力超群的唐廷枢

唐廷枢，号景星，1832年出生于广东省珠海市香山县唐家村，怡和洋行的买办，清代洋务运动的代表人物之一。香山的地理位置很特殊，与澳门、香港都是近邻。近代中国，澳门和香港恰恰又是两个殖民地，对外贸易非常发达。所以香山便有很多人去港澳两地谋生。于是早期的买办多数来自这里。唐家村不只唐廷枢一个买办，他的胞兄唐廷植、族兄唐瑞芝、唐国泰、侄儿唐纪常、唐杰臣都是闻名一时的买办。

席正甫、朱葆三、虞洽卿等人的英语都是在上海闯荡时，意识到与洋人打交道必先学习对方的语言，这才开始学了只用于日常交谈的"洋泾浜英语"。而唐廷枢比他们幸运，少年时期就在香港的教会学校接受了长达六年的殖民教育，一口英语相当流利。他还在香港的殖民政府做过7年的中英文翻译，在上海海关担任3年高级翻译，与洋人打交道丝毫不会发怵。

唐廷枢的发迹不是从做买办开始的，他在香港殖民政府做翻译的时候，就开始涉足商业活动，完成了最初的资本积累。进入怡和洋行之前，唐廷枢开过当铺、开过棉花行，两种生意都做得不错。他的棉花行成为外资洋行收购中国棉花的代理机构。在与外资洋行打交道的过程中，唐廷枢对怡和洋行有了进一步的认识，后来他担任了怡和洋行的买办，一干就是9年。

1863到1872年，这9年中，唐廷枢在怡和洋行做买办，对怡和贡献很大。收购生丝、茶叶等中国特产的基本功就不用提了，开展航运、扩大洋行的业务范围等工作也被唐廷枢所包揽，除此之外，他还帮怡和洋行老板投资当铺、经营地产、经营大米、食盐，甚至内地的矿产开采也有所涉猎。后面几宗事情可不是一般的买办想帮忙就能帮得上的，唐廷枢正是凭借自己的能力、人脉才担得起如此重任。

怡和洋行的负责人曾这样形容唐廷枢对怡和洋行的重要性，他说："唐景星简直成了它能获得华商支持的保证"[①]。就连美国旗昌洋行的老板都羡慕怡和洋行能挖到唐廷枢这么优秀的买办，他说："在取得情报和兜揽中国人的生意方面，怡和洋行的唐景星能把我们打得一败涂地"。[②]

能者多劳，这句话用来形容唐廷枢再合适不过了。别看他的买办工作干得有声有色，自己的"私活"也没有停止过。为洋行效力之余，他又设立了自己的商业事务所、同

---

① 杜博奇.唐廷枢的三张面孔[N].上海证券报，2013-06-25.
② 杜博奇.唐廷枢的三张面孔[N].上海证券报，2013-06-25.

业公所。对此，洋行是睁一只眼，闭一只眼，不支持也不反对。谁都想让自己的员工全心全意为公司服务，可是对于唐廷枢这样的特殊人才，洋行也不敢要求太多。毕竟有了唐廷枢做买办，怡和在华的业务才得到如此良好的发展，对于唐买办的私人活动，他们实在不好出面阻止。再说了，唐买办的生意做得越成功，在中国商界就越有分量，影响力就越大，他的身份也能为洋行带来更多的利益。这样一想，怡和的英国商人们又觉得心里平衡了。

不得不说，唐廷枢的眼光和胆量是超乎同时代很多人的。伴随着自己经济实力的增强，他开始入股一些外国在华企业。在唐廷枢生活的时代，是洋人高人一等的时代，身为中国商人能有参股外资企业的魄力，需要智慧也需要勇气。谏当保险行、华海轮船公司、公正轮船公司和北清轮船公司、苏晏拿打号轮船、马立司洋行和美记洋行的船队，这些公司有一个共同的股东——唐廷枢。唐廷枢参股的公司有怡和洋行旗下的，也有美国琼记洋行的。值得一提的是，怡和洋行的在华海轮船公司，唐廷枢是其最大的个人股东之一。

1872年，唐廷枢受李鸿章之邀，参加了轮船招商局的改组工作，离开了服务9年的怡和洋行。唐廷枢不是一个人来轮船招商局的，他的好友——宝顺洋行的大买办徐润与他同时报到。

唐、徐二人来招商局之前，一个叫朱其昂的官员负责轮船招商局。这个朱其昂本是淞沪富商，后来捐官得以主持轮船招商局的工作。不过他招商引资的能力与唐廷枢、徐润这样在洋行见过大世面的人不能同日而语。朱先生苦干了好几年，筹得的银两还不足20万，其中还包括一部分官款。可唐廷枢和徐润一接手，就立刻将资本扩大为100万两。这一比较，高下立判。

　　1876年开始，唐廷枢看着轮船招商局步入正轨之后，又接手了开平煤矿的所有工作。从矿址勘探、计划拟订、资本召集到正式开采，都是唐廷枢在把关。因为煤矿的原因，唐廷枢又顺手接下了中国第一条自营铁路——开平铁路的修建和第一家水泥厂——唐山细棉土厂的兴办事宜。

　　1892年10月7日，刚到花甲之年的唐廷枢于天津逝世。李鸿章亲自出面主持了他的葬礼；当时中国几乎所有的报刊都刊载了唐廷枢的死讯；天津的各国领事馆，也都在祭日这天下半旗致哀；甚至有13个国家的官员，乘船一路从天津护送他的灵柩至家乡珠海安葬，这些官员上岸脱帽鞠躬后，方才离去。上海《北华捷报》说，"他的死，对外国人和对中国人一样，都是一个持久的损失"①。

---

① 崔业金，张元章.唐廷枢：中国近代企业第一CEO[N].珠海特区报，2010-05-05.

在百年前的中国，死后能有此哀荣，且得到国内、国际如此重视，除唐廷枢外，没有第二人。十二年之后，也就是1904年，66岁的席正甫在上海去世，他的葬礼或能与唐廷枢的葬礼比肩。席正甫终祭之日，上海滩从南京路到凤阳路，沿途的各个路口都搭上了白布帐篷，不管是华商店铺、外商门面还是外资银行，都在门口设置了坛台路祭。南京路是租界内的重要地标，按照规定是不允许通过中国的祭葬队伍的，可是因为棺中人是席正甫，这条规定就可以破例。数千人马、绵延数里，这种场面和规模让其他活着的买办都很有压力。他们内心感叹，自己百年之后，恐怕不会有如此风光大葬。

葬礼风光只是面子，唐廷枢、徐润的后辈并没有得到什么实惠。最为悲情的是当唐廷枢和徐润把轮船招商局推上一个高峰之后，他们成了"狡兔死，走狗烹"的主角。两个一心办实业的人天真地以为"官督商办"不如"纯民营"更有利于企业的发展，还把这份想法白纸黑字写下来联名上书了。结果，两个人的晚年生涯都颇为坎坷。曾经的巨富都没能给后世子孙留下什么财产。后来进入轮船招商局的郑观应与唐、徐二人命运类似，都是生前风光无限，死后为儿孙留下的资产并没有多少。

魄力实足的徐润

徐润也是沪上香山买办群体中不得不提的人物，他与席正甫同岁，1838年生于香山北岭村，字润立，别号愚斋。上海的愚园路就因为徐润的私宅"愚园"而得名。徐润与唐廷枢一样，出身于买办世家。他的伯父徐钰珩（字钰亭）和叔父徐荣村是最早到上海做买办的先行者之一。宝顺洋行就是徐家兄弟光耀门楣的开端，尤其是徐荣村早在1851年就因为宝顺洋行的关系，参加了英国举办的首届世界博览会，还一举夺得金、银两项大奖，是中国参加世界博览会的第一人。徐润15岁就随叔父徐荣村到上海，进入宝顺洋行当学徒，19岁上堂帮账，24岁升任主账。他在家族长辈的关照下，买办之路走得异常平稳。

徐润之后接替叔叔成为宝顺洋行的总买办，他做的不仅仅是称职，而且是"超值"。他全力帮助洋行拓展航运业务，使宝顺洋行拥有了上海唯一能容纳海轮的大船坞。他还将业务扩展到了南洋、日本等地，使宝顺在很长时间的进出口总值在各洋行中首屈一指。当然了，洋行发财的同时，徐买办的收入也极为可观。

除了给宝顺洋行做买办，徐润身上还兼任众多的"中国之最"。他是20世纪初中国最大的茶叶出口商、最大的房地产商、最早的股份制企业创始人、最早的保险公司创办者。

徐润经商的胆量和手笔在众多买办中首屈一指。当他在为宝顺洋行服务期间，他就开始注重打造自己的商业帝国，各洋行的茶、丝、棉花生意都被徐润包了下来，此外他还与人合开了一家敦茂钱庄。1868年，徐润离开洋行，专心经营商业。他开设了遍布浙江、江西、湖北、湖南的茶叶连锁机构——宝源祥茶栈，专走茶叶出口一途。1886年中国茶叶出口268万石，这个纪录直到100年后的1986年才被突破。徐润就是当时全国最大的茶叶出口商，有"近代中国茶王"的美誉；他大规模的投资房地产，成为中国的大地产商；他在晚年创办了景纶纺织厂，并在全国许多企业中拥有不下一百二三十万两白银的股本。

徐润后半段的人生与唐廷枢密不可分，两个人都因为深度参与轮船招商局而一起登上高峰，又一起经历挫败。前面我们介绍过徐润喜欢投资房地产，徐润的胆子很大，他竟然挪用了轮船招商局的资金来投机地产。东窗事发后，他被革职，盛宣怀取而代之。很多报道都不惜笔墨，详述了徐润成为"烂尾"地产商的境况。他贱卖了自己名下的3200多处地产，其中包括白地、洋房、楼房、住宅、平房、商铺各种形式的地产。

如果有人和徐润一样，在46岁的时候面临家财散尽的悲凉，估计早就被打击得奄奄一息了。可是徐润没有倒下，他借了钱继续奋战在商海，屡战屡败，也屡败屡战。直到临终之前，70岁的徐润总算才有一笔投资的收益还行，为子女留下一笔可以称作"遗产"的资本。

理想主义者郑观应

郑观应相对于席正甫、唐廷枢、徐润等人，在中学历史教科书中的评价算是最高的。他的身上标签很多，有"实业家"、"教育家"、"文学家"、"慈善家"、"启蒙思想家"和"爱国者"，唯一一个与买办沾边的还是一个过渡性质的评价——"从买办到思想家"。

1842年，郑观应生于广东香山县三乡镇雍陌村，郑氏家族也是一个买办世家。他的叔父郑廷江（秀山）是上海新得洋行的买办，亲戚曾寄圃是上海宝顺洋行高级买办，不仅如此，郑家和唐廷枢家是姻亲，与徐润家是"两代相交近百年"的世交。这些都是郑观应出任买办的先天优势，后来他的亲弟弟郑翼之也走上了买办之路，成为天津卫最有影响力的买办之一。

郑观应少年时就跟随做买办的叔叔游历过越南、泰国和新加坡等地，17岁时，他跟着亲戚到上海宝顺洋行做了一名学徒。当1873年英商太古洋行创办轮船公司时，已经在洋行工作多年的郑观应被聘为新成立的轮船公司的总买办。当时，李鸿章的轮船招商局已经拉拢了唐廷枢和徐润这两个顶级买办。唐、徐二人很了解郑观应的能力，觉得把郑观应也拉到自己的阵营来，就可以所向披靡了。可是郑观应在太古轮船公司是说一不二的总买办，到了轮船招商局，不仅要听唐廷枢和徐润的，还有一个盛宣怀也排在他的前面。一开始，他没同意，带领着太古轮船公司继续和轮船招商局抢地盘。唐廷枢等人不死心，一直没有放弃对太古洋行"挖墙脚"的行动，终于，1882年，郑观应又一轮合同到期后没有续签，加盟轮船招商局协助唐廷枢做事业。

饱读诗书同时接受西方思想教育的郑观应是怀着经实济世的心态来轮船招商局的，他想全力做好这项民族工业。可是随着唐廷枢的离开，成为招商局总经理的郑观应发现他是理想化的实业家，而李鸿章和盛宣怀才是更适合那个时局的现实主义者。唐、徐、郑三人把轮船招商局带上了轨道，他们的使命就算完成了。盛宣怀找准时机，把他们逐一赶走，自己成为招商局的老大。三个曾经意气风发想青史留名的香山买办，在与真正的官商较量之后，都只能黯然收场。

综合来看，显然上述三位香山帮买办的人生经历跌宕起伏，相较而言，席正甫的人生轨迹则比较顺利。他出身于经商世家，一直到死也在商圈起舞。唐廷枢、徐润、郑观应三人不同，他们的血脉中还有文人"达则兼济天下"的那份天真，他们从买办走到了民族资本家，多了一个表演的舞台。同处一个时代，同为重量级的演员，你能说金鸡百花奖的影帝就一定不如抱走奥斯卡小金人的那个人成功吗？

三人的凄凉结局与席正甫大不相同。席正甫没有深度参与官场之事，终身以买办自居，儿孙也主要在金融行业奋斗，席家的富贵得以绵延到解放前。不过即便是1949年之后，席家也不算落寞，席家子弟大都随着外资银行撤出中国内地，在海外继续过着安逸的生活。至今，席家依然枝繁叶茂，家族各方精英仍不时回到东山老家，相聚一番。

本章主要参考资料

［1］徐矛，郑泽青. 中国十买办——朱葆三［M］. 上海：上海人民出版社，1996.

［2］"赤脚财神"虞洽卿［N］. 钱江晚报，2012-03-18.

［3］吴晓波. 上海滩的七张面孔——虞洽卿（参见2010年中央电视台第一财经频道推出国庆特别节目"十月讲述"）.

〔4〕唐廷枢：中国近代企业第一CEO〔N〕．珠海特区报，2010-05-05．

〔5〕雪珥，徐润：大清国的"烂尾"巨富〔J〕．新财经，2009（4）．

附 录

1 席正甫家族关系图表

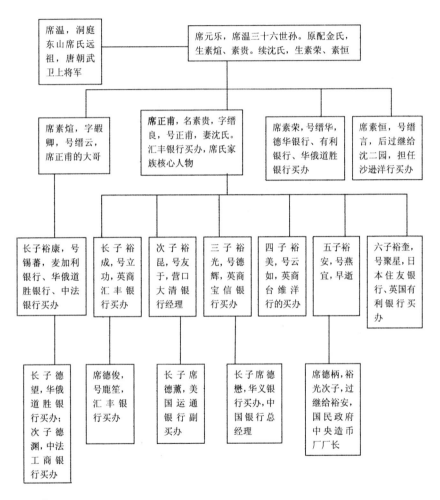

注：

沈二园，席元乐继室沈氏之兄，沙逊洋行首任买办，膝下无子，过继外甥席素恒。后素恒改名沈吉成，继任沙逊洋行买办，人称"沙逊老四"。

2　席正甫大事年表

1.1838年，席正甫生于江苏洞庭东山的大户人家。

2.1842年，席正甫母亲金氏去世；1851年，席正甫父亲席元乐去世。

3.1857年，席正甫初次来到上海，进入钱庄做学徒。

4.1860年，席正甫开办第一家钱庄。

5.1866年，席正甫进入汇丰银行买办间做跑街。

6.1874年，席正甫因成功办妥福建海防借款，取代王槐山成为汇丰银行第二任买办，并因此得到李鸿章的赏识。

7.1876年，席正甫协助左宗棠完成第四次西征借款，得到左宗棠青睐。

8.1878年，席正甫代表汇丰银行，与左宗棠签订第五次西征借款协议。

9.1881年，左宗棠通过席正甫完成第六次西征借款。

10.1883年，席正甫参与以盛宣怀为主导的政治斗争，成为"猎杀"胡雪岩的幕后人物之一。

11.1887年，席正甫与同乡严兰卿合资开设协升钱庄，扩大投资范围。

12.1904年，席正甫病逝于上海，其子席立功接任汇丰银行买办一职。

13.1923年，席正甫长孙席鹿笙接替乃父继任汇丰银行买办，祖孙三代在汇丰银行任职长达55年。

3 晚清时期著名买办

买办姓名	曾服务洋行（银行）	主要成就	生卒年月（活跃时间）（年）	籍贯
穆炳元	跟随英国人的舰队充当翻译	上海最早的买办之一，宁波帮第一个买办	19世纪40年代开始做买办	浙江宁波定海
王槐山	英资汇丰银行	汇丰银行第一任买办	1822—1874	浙江宁波余姚
朱葆三	英资平和洋行	晚清首富、实业巨擘	1848—1926	浙江宁波定海
虞洽卿	历任德商鲁麟洋行、荷兰银行、华俄道胜银行买办	以善于调停闻名上海	1867—1945	浙江宁波镇海
刘鸿生	英商开平矿务局	火柴大王、煤炭大王	1888—1956	浙江宁波定海
王一亭	日本大阪商船会社	著名画家、爱国人士	1867—1938	浙江湖州吴兴
王铭槐	德商泰来洋行、华俄道胜银行天津行	天津"四大买办"之一	1846—1918	浙江宁波慈城
许春荣	德商德华银行、上海德华银行第一任买办、美商上海花旗银行	先后创办7家钱庄，并与席家合开正大钱庄，与席正甫为儿女亲家	1839—1910	浙江湖州

买办姓名	曾服务洋行（银行）	主要成就	生卒年月（活跃时间）（年）	籍贯
徐润	英资宝顺洋行	茶叶大王、地产大王、开创中国首家保险公司、奠定中国航运业	1838—1911	广东珠海
郑观应	英资宝顺洋行	启蒙思想家、教育家	1842—1921	广东香山
郑翼之	英资太古洋行	天津"四大买办"之一	1861—1921	广东香山
梁炎卿	英怡和洋行天津分行	天津"四大买办"之一	1852—1938	广东佛山
唐廷枢	英资怡和洋行	清代洋务运动代表人物	1832—1892	广东香山
莫仕扬	香港太古洋行	香港太古洋行第一任买办、莫氏家族的开创者	1820—1879	广东香山
何东	香港怡和洋行	香港开埠之后的首富	1862—1956	广东宝安
祝大椿	英资怡和洋行	著名实业家	1856—1926	江苏无锡
沈二园	英资沙逊洋行	沙逊洋行首任买办、"洞庭山帮"主要成员	1872年担任买办	江苏苏州东山
朱志尧	法国东方汇理银行	中国造船业先驱	1863—1955	上海南市
吴调卿	汇丰银行天津分行	天津"四大买办"之一	1850—1928	江西婺源

4 晚清时期著名洋行、银行

洋行名称	来华时间	地点	出资方	业务范围
怡和洋行	1832年	广州	英商渣甸·马地臣	鸦片、茶叶等进出口贸易，"洋行之王"
宝顺洋行	1823年	广州	英商约翰·颠地	鸦片、茶叶、地产等，怡和洋行最大的竞争对手
旗昌洋行	1818年	广州	美商塞缪尔·罗素	茶叶、生丝、鸦片等，与怡和、宝顺鼎足而立
沙逊洋行	1877年	上海	英国沙逊家族	纺织品、鸦片、房地产等
仁记洋行	鸦片战争前夕	上海	英国威廉·傅博斯	进口轮船、火车，出口古玩玉器、毛皮等
瑞记洋行	1854年	上海	德国籍犹太人	军火、五金交电、土产等
琼记洋行	鸦片战争之前	广州	美商	茶叶、航运业等

洋行名称	来华时间	地点	出资方	业务范围
丽如银行	1847年	上海	英国	汇总业务，包括自身买卖汇票和充当供求双方汇票的中介者，是近代第一家进入中国的外资银行
麦加利银行	1858年	上海	英国	支持英商在印度、中国的贸易
汇丰银行	1864年	香港	英国	在香港发行纸币，向清政府提供贷款，是清廷最大的债权人
德意志银行	1872年	上海	德国	集中为德中之间进出口业务融资
东方汇理银行	1888年	上海	法国	经营法属殖民地印度支那的银行业务并发行纸币
德华银行	1889年	上海	德国十三家银行联合投资	德国资本在华活动的中心机构
横滨正金银行	1893年	上海	日本	日本早期的外汇专业银行
华俄道胜银行	1896年	上海	法、俄、中三国	代表俄国在华利益
花旗银行	1902年	上海	美国	替美国政府收取"庚子赔款"
华比银行	1902年	上海	比利时	投资中国铁路、专营承揽铁路贷款
荷兰银行	1903年	上海	荷兰	为中荷之间进出口贸易办理外汇

5 参考文献

［1］徐矛.中国十买办［M］.上海：上海人民出版社，1996.

［2］李帆，黄海燕编.三十个富商大贾［M］.长春：吉林文史出版社，1993.

［3］邹进文.民国财政思想史研究［M］.武汉：武汉大学出版社，2008.

［4］高海燕.近代外国在华洋行、银行与中国钱庄［J］.社会科学辑刊，2003（2）.

［5］路棣.中国当铺、钱庄、票号发展史的启示［J］.西部金融，2008（3）.

［6］秦昭.中国的钱庄［J］.科学大观园，2009（18）.

［7］童元松.晚清钱庄动荡衰弱的原因初探［J］.黑龙江史志，2008（11）.

［8］宋佩玉.谁主沉浮——近代中国中外银行业的激情

碰撞［J］.当代金融家，2006（11）.

［9］贾熟村.北洋军阀时期的交通部［M］.郑州：河南人民出版社，1993.

［10］（美）郝延平.十九世纪的中国买办：东西间桥梁［M］.李荣昌，等，译.上海：上海社会科学院出版社，1988.

［11］李崧.沙面十三洋行［J］.开放时代，1984（1）.

［12］张艳国，刘俊峰.略论晚清钱庄与洋行关系的互动性［J］.学术研究，2003（11）.

［13］马学强.论近代上海买办的教育背景［J］.史林，2004（4）.

［14］高海燕.外国在华洋行、银行与中国钱庄的近代化［J］.浙江大学学报：人文社会科学版，2003（1）.

［15］易继苍.买办与上海金融近代化［M］.北京：知识产权出版社，2006.

［16］王波.追根溯源话苏商[N].苏州经济报，2004-11-22.

［17］宋鸿兵.货币战争3：金融高边疆［M］.北京：中华工商联合出版社，2011.

［18］张启祥.长三角地区儒商的历史作用浅析［J］.扬州大学学报：人文社会科学版，2008（6）.

［19］史林. 洋场百年［M］. 北京：中国言实出版社，1998.

［20］易棉阳. 华资银行产生的历史条件［J］. 益阳师专学报，2002（4）.

［21］席与镐，席与闾，等. 在上海的生活——汇丰银行买办席正甫后人的回忆［J］. 史林，2004（1）.

［22］李远江. 百年地标：中国第一座现代化高楼汇丰银行大厦［J］. 国家历史（成都），2008（9）.

［23］刘诗平. 汇丰帝国：全球顶级金融机构的百年传奇［M］. 北京：中信出版社，2010.

［24］邢建榕. 汇丰银行与清末贪官的存款［J］. 上海史研究，2012（10）.

［25］雷晓宇. 金融豪门 洞庭席家［J］. 中国企业家，2006（12）.

［26］方忠英. 近代广州的外资银行业［J］. 广东史志，2001（2）.

［27］王巍. 洋行与外资银行对近代中国的激励［J］. 创业家，2011（10）.

［28］李晓春. 近代中国外商银行买办群体分析［J］. 安徽师范大学学报，2006（5）.

［29］黎光. 1840—1864年中国的买办商人［J］. 史学

月刊，1957（1）．

［30］旧中国外商银行调查资料［J］．档案与史学，2003（6）．

［31］张秀莉．近代中国上海买办家族的谱系［J］．东方早报，2012（8）．

［32］巫云仙．略论汇丰银行在近代中国的几个发展阶段及其启示［J］．北京联合大学学报：人文社会科学版，2004（4）．

［33］张艳国，刘俊峰．略论晚清钱庄与洋行关系的互动性［J］．学术研究，2003（1）．

［34］巫云仙．论汇丰银行与近代中国的贸易融资和国际汇兑［J］．北京联合大学学报：人文社会科学版，2006（12）．

［35］沈立行．趣谈汇丰银行和它的买办［J］．沪港经济，1995（1）．

［36］陈礼茂．试论近代上海的外资银行——以汇丰、花旗银行上海分行为例［J］．泰山学院学报，2005（9）．

［37］李一翔．外资银行与近代上海远东金融中心地位的确立［J］．档案与史学，2002（5）．

［38］时湘云．外资银行在近代中国的发展概况［J］．管理科学，2005（3）．

［39］司春玲. 晚清汇丰银行研究（1865—1894）［J］.
河北师范大学学报，2009（9）.

［40］马学强. 席氏家族与上海［J］. 中国企业家，
2006（12）.

［41］李贵明. 银行挤兑、存款保险和流动性［J］. 政
治经济学，2009（2）.

［42］席长庚. 民国时期的中国银行［J］. 经济师，
2004（1）.

［43］林日杖. 鸦片战争前后外国在华洋行经济活动初
探［J］. 福建师范大学学报，2001（4）.

［44］戴建兵. 隐性中央银行：甲午战争前后的外商银
行［J］. 安徽师范大学学报：人文社会科学版，2007（3）.

［45］李燕. 雅俗文化书系12买办文化［M］. 北京：中
国经济出版社，1995.

［46］中国人民银行上海市分行. 上海钱庄史料［M］.
上海：上海人民出版社，1978.

［47］王静，许小牙. 掮客·行商·钱庄——中国民间
商贸习俗［M］. 成都：四川人民出版社，2003.

［48］潘连贵. 北洋政府时期上海造币厂的筹建与搁浅
［J］. 钱币博览，2003（3）.

［49］戴建兵，曹艳荣. 国民政府上海中央造币厂刍议

［J］.钱币博览，2002（1）.

　　［50］宋佩玉.上海造币厂筹建始末［J］.档案与史学，2002（6）.

　　［51］戴建兵.白银与近代中国经济（1890—1935）［M］.上海：复旦大学出版社，2005.

　　［52］罗先凤.论买办在近代早期工业化中的作用［J］.焦作师范高等专科学校学报，2007（4）.

　　［53］马陵合.论晚清地方外债的阶段性特点［J］.安徽师大学报：哲学社会科学版，1996（1）.

　　［54］吴晓波.买办救国［J］.商界（评论），2008（11）.

　　［55］吴羽.买办与中国民族资本主义的发展［J］.安顺师范高等专科学校学报：综合版，2006（4）.

　　［56］聂好春.买办与近代中国经济发展研究（1840—1927年）［J］.华中师范大学学报，2007（4）.

　　［57］邱玉泉，周学文.浅析买办商人与近代企业制度变迁［J］.沧桑，2009（2）.

　　［58］洪葭管.近代上海金融市场［M］.上海：上海人民出版社，1989.

　　［59］鲜乔蓥.浅析买办与中国早期现代化［J］.北京联合大学学报：人文社会科学版，2004（3）.

　　［60］董长芝，马玉东.民国财政经济史［M］.沈阳：

辽宁师范大学出版社，1997．

　　［61］李铁强．天津"瑞通洋行"诈骗案［J］．民国春秋，1998（2）．

　　［62］何清涟．清末中国的大量外债及其分析［J］．财经研究，1986（12）．

　　［63］于建胜．试论甲午战后清政府的三次大借款及国际关系的变动［J］．青岛大学师范学院学报，1999（4）．

　　［64］赫树权．外国"洋行"在中国［J］．商业研究，1988（12）．

　　［65］石涛．外国在华银行与晚清借款［J］．安康师专学报，2004（1）．

　　［66］马金华．外债与晚清政局［M］．北京：社会科学文献出版社，2011．

　　［67］王庆安．晚清外债与财政应付［J］．湘潭大学学报，2003（5）．

　　［68］张华新．晚清买办资本与民族资本的关联分析［J］．当代经济，2004（6）．

　　［69］王相钦．晚清商业七十年——百年前中国商业的重大变迁［J］．北京工商大学学报：社会科学版，1994（6）．

　　［70］周俊红，葛彦波．晚清时期政府外债偿还危机因

素探析［J］.河北青年管理干部学院学报，2005（4）.

［71］王开玺.辛亥年清廷财政崩溃原因探析［J］.中州学刊，1994（1）.

［72］庄可荣.中国近代买办慈善活动的经济学分析［J］.沧桑，2009（3）.

［73］李承烈，邓孔昭.中国近代外债的起始时间［J］.中国社会经济史研究，1983（2）.

［74］李达.费孝通的买办社会学批判［M］.上海：上海人民出版社，1958.

［75］天津市政协文史资料研究委员会.天津的洋行与买办［M］.天津：天津人民出版社，1987.

［76］沙为楷.中国买办制［M］.北京：商务印书馆，2010.

［77］杨宇辰.试析二十世纪初的中国买办社会［J］.长白学刊，2003（5）.

［78］苏全有，王丽霞.从档案看北洋初期的交通部［J］.兰台世界，2008（23）.

［79］李谦.旧中国农村金融概况［J］.南京农业大学学报，1984（4）.

［80］朱华，冯绍霆.崛起中的中国银行家阶层——上海银行公会早期活动初探［J］.档案春秋，1999（6）.

［81］马长林.民国时期上海银行界的风险意识［J］.学术月刊，2001（3）.

［82］炎凉.上海橡皮股票风潮始末［J］.龙门阵，2011（12）.

［83］关山.话说津商——结识高官找靠山，天津人民广播电台，2007.

［84］中国人民银行总行金融研究所金融历史研究室.近代中国的金融市场［M］.北京：中国金融出版社，1989.

［85］朱宗震.民国初年政坛风云［M］.郑州：河南人民出版社，1990.

［86］天津科学技术出版社.中国财政问题［M］.天津：天津科学技术出版社，1981.

［87］孙文学.中国近代财政史［M］.大连：东北财经大学出版社，1990.

［88］萧清.中国近代货币金融史简编［M］.太原：山西人民出版社，1987.

［89］陈光焱，刘孝诚，叶青.中国财政史［M］.北京：中国财政经济出版社，2001.

［90］万家姓.自是东山称大族——苏州洞庭东山席氏［EB/OL］.中华席氏网，2012-08-27.

［91］谭洪安.洞庭钱商斗申江［N］.中国经营报，

2012-06-08.

［92］张国辉.十九世纪后半期中国钱庄的买办化［J］.历史研究，1963（6）.

［93］刘诗平.银行买办世家［J］.财经国家周刊，2012（4）.

［94］万家姓.席姓——在上海历史［EB/OL］.中华席氏网，2012-08-27.

［95］天柱山.苏州东山的古村落与吴、席、王氏族［EB/OL］.中华王氏网，2011-06-11.

［96］刘莉芳.独家专访席家后人［N］.外滩画报，2004-11-23.

［97］吴晓波.晚清"四大买办"之一——江苏东山席家经营史［J］.第一财经周刊，2008（10）.

［98］魏重庆.近代中国买办资本的发展和买办阶级的形成［J］.贵州社会科学，1982（1）.

［99］杨维忠.东山的两位"总统"夫人［N］.苏州日报，2012-04-27.

［100］陈诗启.论鸦片战争前的买办和近代买办资产阶级的产生［J］.社会科学战线，1982（2）.

［101］马学强.江南席家——中国一个经商大族的变迁［M］.北京：商务印书馆，2007.

［102］易继苍. 买办与上海钱庄的近代化转型［J］. 贵州社会科学，2006（6）.

［103］邢建榕. 权贵相信的外国银行［J］. 文史博览，2013（4）.

［104］雪珥. 徐润：大清国的"烂尾"巨富［J］. 新财经，2009（4）.

［105］吴晓波. 上海滩的七张面孔——郑观应（参见2010年中央电视台第一财经频道推出国庆特别节目"十月讲述"）.

［106］吴晓波. 上海滩的七张面孔——虞洽卿（参见2010年中央电视台第一财经频道推出国庆特别节目"十月讲述"）.